SERVIÇO SOCIAL DO COMÉRCIO
Administração Regional no Estado de São Paulo

Presidente do Conselho Regional
Abram Szajman
Diretor Regional
Danilo Santos de Miranda

Conselho Editorial
Ivan Giannini
Joel Naimayer Padula
Luiz Deoclécio Massaro Galina
Sérgio José Battistelli

Edições Sesc São Paulo
Gerente Marcos Lepiscopo
Gerente adjunta Isabel M. M. Alexandre
Coordenação editorial Clívia Ramiro, Cristianne Lameirinha, Francis Manzoni
Produção editorial Ana Cristina Pinho
Coordenação gráfica Katia Verissimo
Produção gráfica Fabio Pinotti
Coordenação de comunicação Bruna Zarnoviec Daniel

sociofobia

césar rendueles

prefácio de oswaldo giacoia junior

mudança política na era da utopia digital

© César Rendueles, 2016
© Edições Sesc São Paulo, 2016
Todos os direitos reservados

Tradução Sérgio Molina
Preparação Thereza Pozzoli
Revisão Fernanda Almeida Umile, Luciana Moreira
Projeto gráfico, capa e diagramação Casa Rex | Gustavo Piqueira

Título original *Sociofobia: el cambio político en la era de la utopía digital*
Sociophobia: political change in the era of digital utopia

R2928s   Rendueles, César

Sociofobia: mudança política na era da utopia digital / César Rendueles; Tradução de Sérgio Molina. – São Paulo: Edições Sesc São
Paulo, 2016 –
    204 p.

ISBN 978-85-69298-91-5

1. Ciência política. 2. Sociofobia. 3. Utopia digital. I. Título.
II. Molina, Sérgio.

CDD 320

Edições Sesc São Paulo

R. Cantagalo, 74 – 13º/ 14º andar

03319-000 – São Paulo SP Brasil

Tel. 55 11 2227-6500

edicoes@edicoes.sescsp.org.br

sescsp.org.br/edicoes

 /edicoessescsp

nota à edição brasileira

O impacto da internet na sociedade é um tema que não se esgota. Rotineiramente surgem novos recursos e possibilidades que suplantam outros recém-surgidos. Quem não os domina, em contextos cada vez mais amplos, está excluído do mercado, da vida social, do mundo.

Costumamos observar duas correntes principais que buscam pautar virtudes e vícios da internet: a mais negativa a entende como instrumento de controle, manipulação e alienação; a outra, de viés mais positivo, a vê como ferramenta de educação, liberdade e emancipação social. Contrariando a segunda, mas sem abraçar plenamente a primeira, o filósofo espanhol Cesar Rendueles questiona, em *Sociofobia*, ideias muito propaladas sobre benefícios da expansão da internet, tais como a contribuição para o avanço da democracia, a criação de alternativas econômicas e o aprofundamento de vínculos pessoais.

Sociofobia faz uso de uma linguagem acessível tanto aos não familiarizados com essa discussão quanto fornece ideias valiosas para os já iniciados. A obra empreende uma análise das transformações na comunicação contemporânea nos campos cultural, político, econômico e social como base para afirmar que as tecnologias digitais não contribuíram para superar desafios da modernidade e, ao contrário, os reforçou em muitos casos. Nesse sentido, Rendueles aponta uma confusão entre o senso de democracia e a liberdade de escolha na internet, geralmente orientada para o mercado. Um dilema a ser superado é que desejamos cooperação, mas ainda tendemos ao individualismo. Se essa distinção tornar-se clara, o meio virtual poderá, sim, oferecer caminhos para uma democracia mais plural.

O Sesc tem buscado ser um fórum para as questões da contemporaneidade e trazer a público reflexões sobre a cultura e seus diferentes campos de interlocução. Dessa forma, procura fomentar novos estudos, sempre considerando mais de uma perspectiva sobre os temas em pauta. As reflexões sobre as transformações sociais, a visão crítica sobre o papel das tecnologias digitais na vida pública e privada, bem como o pensamento que questiona o senso comum, tão presentes em *Sociofobia*, estão em plena consonância com os princípios da instituição.

prefácio 9
oswaldo giacoia junior

zona zero
sociofobia 20

capitalismo pós-nuclear 21

o pan-óptico global 32

a contra-história 42

primeira parte
a utopia digital 50

ciberfetichismo 51

a utopia do *copyleft* 81

cooperação 2.0 103

segunda parte
depois do capitalismo 128

emancipação e mútua dependência 129

imaginação institucional 161

coda. 1989 196

sobre o autor 203

prefácio
oswaldo giacoia junior

Mesmo em face de constantes antropológicas indicando certa semelhança e proximidade entre nossas sociedades atuais e àquelas do passado, César Rendueles defende, em seu livro, uma tese segundo a qual podemos constatar uma diferença importante e radical entre elas: a saber, que a sociedade ocidental moderna constitui-se em ruptura com a norma antropológica que a aproximava das demais – e disso temos apenas uma vaga e turva autoconsciência, tanto dessa diferença essencial quanto da centralidade da experiência cultural por ela performada. Daí advém nossa persistente incapacidade para equacioná-la em um sistema estável.

Essa condição de nossas sociedades está ligada ao *status* e à função que nelas ocupa o mercado: se é verdade que os sistemas de trocas sempre se apresentaram como o foco do surgimento das formas comunitárias que nos são conhecidas, a diferença consiste em que a engenharia social da modernidade está centrada sobre o mercado, e isso de um modo peculiar: nelas, a praça do mercado não é mais um âmbito circunscrito no espaço sociopolítico, mas transformou-se na *matrix* da sociabilidade moderna, de modo que o mercado tornou-se a instituição que impregna o todo da realidade social.

Um dos principais efeitos dessa transformação consiste na desativação dos dispositivos e processos tradicionais de inserção e integração social, bem como de transmissão de experiências pela cadeia histórica de gerações. Malhas de duração secular, em cujo padrão se formavam os tecidos sociais antigos, foram destruídas e arrasadas em poucos anos, tendo sido substituídas por projetos sistemáticos de implantação de solidariedade, com base em relações de dependência lastreadas em aparelhamentos econômicos, políticos e militares de base racional. Na medida em que a modernidade é marcada pela Revolução Industrial e esta, por sua vez, pelo particularismo e pela tendência ao livre curso das atividades e interesses de produtores isolados, a expectativa, tipicamente liberal capitalista, de socialização pelo mercado passa então a ser a regra.

Por essa razão, o utilitarismo, em particular na versão prototípica de Francis Bacon, constitui o ideário preferencial da modernidade política, pois a maximização da utilidade para o maior número possível de interessados é o vínculo mais eficaz para a constituição de uma sociedade racional de produtores mercantis, cuja ideia central é a transformação do egoísmo individual e privado em egoísmo coletivo, ou seja, a instituição como meta do máximo de felicidade coletiva, pela qual se consegue também garantir a segurança e o bem-estar de cada um dos sócios, estimulando seu próprio interesse na promoção do bem comum. No contexto desse diagnóstico, César Rendueles cita o testemunho de um economista liberal honesto, Milton Friedman, a respeito do alcance e dos limites dessa utopia mercadológica de economia política:

> Para o liberal, [...] o ideal é a unanimidade, entre indivíduos responsáveis, alcançada na base de discussão livre e completa. Desse ponto de vista, o papel do mercado [...] é o de permitir unanimidade sem conformidade e ser um sistema de efetiva representação proporcional. De outro lado, o aspecto característico da ação através de canais explicitamente políticos é o de tender a exigir ou reforçar uma conformidade substancial. [...] Mesmo o uso da representação proporcional, em sua forma explicitamente política, não é esta conclusão. O número de grupos separados que podem de fato ser representados é enormemente limitado em comparação com a representação proporcional do mercado. [...] O uso dos canais políticos, embora inevitável, tende a exigir muito da coesão social, essencial a toda sociedade estável. [...] O uso amplo do mercado reduz a tensão aplicada sobre a intrincada rede social por tornar desnecessária a conformidade, com respeito a qualquer atividade que patrocinar.

Quanto maior o âmbito de atividades cobertas pelo mercado, menor o número de questões para as quais serão requeridas decisões explicitamente políticas e, portanto, para as quais será necessário chegar a uma concordância.

O resultado desse processo é apreendido por Rendueles sob o conceito de *sociofobia*, de acordo com o qual as formas atuais da sociabilidade baseiam-se numa trama crescente de conexões reais e virtuais entre evanescentes sujeitos privados, formando uma malha de laços cerrados, apoiados pela engenharia tecnológica de comunicação e informação. A internet dá corpo a uma figura ideal de equilíbrio entre liberdade individual e vínculos comunitários:

O sistema de compra e venda colonizou nosso corpo e nossa alma. Vendemos amplos pedaços da nossa vida no mercado trabalhista, obtemos um teto sob o qual nos abrigar mediante sofisticados instrumentos financeiros chamados hipotecas, o ar que respiramos é cotado em mercados de carbono, os alimentos que comemos fazem parte de complexas cadeias especulativas... Quase todas as sociedades tradicionais, ao contrário, tomaram muito cuidado em excluir do mercado alguns bens e serviços essenciais, como a terra, os produtos de primeira necessidade ou o dinheiro. O comércio é um tipo de interação competitiva na qual tentamos tirar vantagem de um oponente. 'Vender caro, comprar barato' é a única norma de conduta indiscutível no mercado. As sociedades pré-capitalistas consideravam uma loucura condicionar sua sobrevivência material à incerteza da concorrência.

As crises de produção capitalista da era vitoriana consolidaram as estruturas sociais que determinaram a figura atual do mundo. Nela destaca-se uma desigualdade social, atualmente evoluindo em escala planetária, na qual se perfilam, de um lado, as estreitas possibilidades de estratificação no centro do sistema capitalista (ou seja, nos países econômica e tecnocientificamente desenvolvidos) e, de outro lado, para a considerável maioria da população mundial – os países em desenvolvimento ou subdesenvolvidos – o fenômeno que conhecemos bem sob a eufemística denominação, hipocritamente neutra, de terceiro mundo.

O terceiro mundo e a crise ecológica são, no entanto, irmãos siameses, cuja geração é dependente das tentativas de garantir, pela pilhagem colonial, a segurança e o bem-estar nas metrópoles do capitalismo mercantil, em sua fase determinada pelo primado da produção industrial. A realidade macabra consiste, no entanto, em que, nos países pobres da periferia do sistema, os processos tradicionais de integração social não desapareceram – tal como esperado pelos ambiciosos projetos de substituição desses pelos fluxos e trocas do livre-mercado, no enquadramento do colonialismo econômico. Ao contrário, o que se verificou nessas regiões foi uma sobrevivência de práticas e instituições comunitárias reprimidos, cujos efeitos foram a intensificação dos conflitos e a corrupção do tecido social, com seu cortejo de miséria, violência, fome crônica, desespero, enfermidades, e a reprodução de uma violência incontrolável.

Temos hoje a demonstração do fracasso dessa entronização da ideologia do pan-óptico benthaniano como modelo da ordem social interna e global. Porém, o problema mais preocupante hoje em dia é que os meios conhecidos de garantir a integração social, de minimizar os efeitos das crises sistêmicas e das megacatástrofes ecológicas – como as instituições herdadas da tradição – foram submetidos ao processo de disrupção da sociofobia.

> A utopia do livre-mercado fracassou. Esse desastre abriu caminho a uma sequência de crises especulativas cada vez mais destrutivas. É um resultado tediosamente previsível quando a busca do lucro privado prevalece sobre qualquer limite político. Um sistema econômico baseado em um arrogante desprezo pelas condições materiais e sociais da subsistência humana está condenado a cair em um processo autodestrutivo cuja única finalidade é tentar se reproduzir, sem sucesso.

Ora, nessas condições, não admira que as esperanças utópicas relativas às transformações e ao desenvolvimento das sociedades contemporâneas tecnologicamente desenvolvidas – com a virtual propagação global de seus efeitos – estejam concentradas na potência telúrica da tecnociência, uma vez que, no curso do desenvolvimento histórico dessas sociedades, as ciências e as tecnologias transformaram-se em sua principal força produtiva. O enorme desenvolvimento da técnica moderna veio alterar totalmente o antigo panorama e engendrar novas tarefas e novos desafios para as éticas tradicionais. Essa condição afeta, sobretudo, o problema crucial da sustentabilidade, pois a tecnologia moderna investe em ações humanas de uma ordem de grandeza completamente *sui generis*, dotando-as, além disso, de novos recursos até então inimagináveis, gerando consequências que ultrapassam largamente em urgência e magnitude as condições impostas pelos marcos regulatórios ético-jurídico-políticos que tinham por finalidade limitá-los. Essa dinâmica revela que as tecnociências não se deixam submeter mais ao controle e planejamento por parte das modalidades tradicionais de poder social econômico-político, evidenciando, antes, um imenso potencial para colonizar e tornar dependentes de sua própria lógica as diversas formas, até hoje conhecidas, de organização da sociedade.

Os iluministas do século XVIII já acoplavam o desenvolvimento da ciência e da técnica às imensas possibilidades de dominação e disposição sobre os recursos naturais para colocá-los a serviço dos interesses humanos. Essa "humanização da natureza" seria a contraface da naturalização das relações entre os homens, ou seja, do ideal de organizar a sociedade em bases inteiramente racionais, de modo a fazer desaparecer todas as modalidades de deformação e opacidade, graças à superação da ignorância, da superstição e da menoridade política. Com o desenvolvimento do capitalismo industrial, essas esperanças passaram a ser depositadas na potência telúrica da tecnologia ligada à indústria e à lógica da produção mercantil. Com a substituição do paradigma da produção pela hegemonia do capital financeiro e o surgimento da globalização das sociedades pelo mercado, a expectativa prometeica na "revolução pelo conhecimento" passou a ser dominada pela tecnociência de informática e de comunicação.

Com extraordinária lucidez, o livro de César Rendueles apresenta várias estratégias de enfrentamento das principais questões, dilemas e problemas surgidos no curso desses processos. Uma das mais relevantes é sua crítica do utopismo cibernético, de uma relevância e atualidade que mal podem ser exageradas.

Acredito que esse ciberutopismo é, em essência, uma forma de autoengano. Ele nos impede de entender que as principais limitações à solidariedade e à fraternidade são a desigualdade e a mercantilização. Não obstante, também não tenho grandes problemas em reconhecer que o programa emancipatório clássico – o do socialismo, do comunismo e do anarquismo – morreu, ao menos em sua literalidade. Não porque suas reivindicações careçam hoje de sentido ou tenham sido realizadas. Muito pelo contrário; o que ocorre é que a igualdade e a liberdade são assuntos muito urgentes e importantes para serem deixados nas mãos de projetos em que muito pouca gente se reconhece.

A utopia cibernética assume a forma do ciberfetichismo quando, como ocorre hoje, a "economia do conhecimento", restrita às tecnologias de informação e comunicação, apresenta-se como a panaceia universal para a resolução de todos os macroproblemas da humanidade: da fome e poluição globais e do desemprego estrutural à catástrofe ecológica, dos impasses da democracia aos projetos de transformação política e refundação da solidariedade social. Esse determinismo tecnológico seria antes uma espécie de fetichismo, cujo efeito mais deletério consiste na redução de nossas expectativas sociopolíticas. O progresso técnico, por si só, é visto sob essa ótica, como o responsável por uma extraordinária mudança na produção e reprodução da sociedade, tornando obsoletas as categorias tradicionais de análise social.

É justamente uma crítica desse ciberutopismo que levaria à constatação de que o capitalismo industrial – e hoje em dia principalmente o capitalismo financeiro – forneceu um parâmetro determinado pelo Estado de desenvolvimento atual das forças produtivas, entre as quais conta-se, prioritariamente, a ciência e a tecnologia, de modo que a reprodução e o desenvolvimento das sociedades contemporâneas abastadas passou a depender essencialmente da atualização compulsória de seu potencial tecnológico e do consequente predomínio da forma de racionalidade instrumental que lhe é inerente. Um padrão determinado, cuja natureza é essencialmente econômica, absolutiza-se e se expande, sub-repticiamente, do âmbito da produção material para os setores da distribuição, da administração, do planejamento, inclusive invadindo toda esfera social da cultura.

No entanto, essa racionalidade técnica, própria das forças produtivas, continua configurada no enquadramento estrutural das relações capitalistas, que tem no lucro sua meta fundamental e exclusiva.

Ora, essa necessidade de adaptação e ajustamento das sociedades a esse padrão hegemônico é levada a efeito com auxílio do aparato administrativo e de planejamento, cuja função consiste em otimizar racionalmente o desempenho produtivo e distributivo dos bens, de modo a evitar, tanto quanto possível, as catástrofes econômicas. A administração e o planejamento, por meio de estratégias de tecnologia social de controle, permitem o desenvolvimento seguro do capitalismo avançado, integrando todos os setores de produção e reprodução da sociedade, de modo a satisfazer tendencialmente suas necessidades materiais. Daí a função estratégica da crítica ao utopismo tecnológico por Rendueles; ela visa provocar e causar um efeito de choque, capaz de desmontar o fetiche, denunciar essa ideologia futurista e resgatar possibilidades soterradas de transformação social.

A despeito de sua recusa das utopias marxistas de construção tecnológica do homem novo, Rendueles insiste em não dissociar o desenvolvimento atual do conhecimento técnico científico das cadeias de valor do capitalismo contemporâneo, das exigências da divisão do trabalho, em ambiente de competição internacional. Nesse enquadramento, a tecnologia é pensada no registro das forças produtivas que, a despeito de seu enorme desenvolvimento, não conseguiram romper as amarras da irracionalidade própria das relações de produção capitalistas, perpetuando a contradição que vige na base desse modo de produção: o antagonismo de classes se estende para as relações internacionais e para as relações entre os países situados no centro e na periferia do capitalismo, o que pode ser dramaticamente atestado pela corrida armamentista, pelas catástrofes ecológicas e pela impossibilidade de manter a paz e acabar com a fome no planeta, a despeito da possibilidade teórica e prática que o desenvolvimento atual das forças produtivas asseguram para tanto.

A desigualdade global não é uma consequência endógena da relação entre tecnociência e economia de mercado. O que determina quem ganha o que na economia cognitiva global é a luta de classes, não uma avaliação às cegas na revista *Nature*. Os teóricos da sociedade do conhecimento transmitem a impressão de que analisam uma espécie de tendência natural das sociedades capitalistas mais bem-sucedidas para a imaterialidade angelical. Na realidade, trata-se de uma descrição enviesada da estratégia política, econômica e até militar que os países centrais da economia mundial desenvolveram para subjugar sua periferia.

Aquilo que, em termos da teoria marxista, poderia ser denominado de aparência socialmente necessária (*der gesellschaftlich notwendiger Schein*) é o modo de pensar de acordo com o qual as forças produtivas e as relações de produção formam atualmente uma identidade e que, portanto, com base nisso, seria possível construir uma sociedade diretamente a partir das forças produtivas, em particular por meio da ciência e da tecnologia. Essa aparência é desmentida pelos interesses de lucro e dominação, que canalizam o progresso tecnológico das sociedades desenvolvidas de tal modo a integrar no sistema de administração e planificação total, inclusive o controle e a produção das necessidades humanas. Apesar de sua extraordinária mobilidade, há aspectos estáticos na sociedade capitalista atual, aspectos esses que se evidenciam nas relações de produção, sobretudo nas relações de propriedade dos meios produtivos, do controle da administração e planejamento, bem como no desempenho do papel de capitalista global, levado a efeito tanto pelos Estados como por instituições supraestatais e organizações multilaterais. A racionalização da sociedade assemelha-se, assim, à racionalidade técnica, em sua natureza de força produtiva, o que implica certa flexibilização das relações de produção, mas em sua permanência e reposição estruturalmente capitalista. Com isso, a sociedade contemporânea, tecnologicamente desenvolvida, permanece num estado de equilíbrio extremamente lábil e precário, visível no plano das relações políticas internacionais, nutrindo o desencadeamento de forças cuja tensão ameaça permanentemente o rompimento daquele equilíbrio.

Tendo em vista um quadro análogo, Theodor Adorno já havia alertado que aquela aparência é socialmente necessária porque,

[...] de fato momentos do processo social, anteriormente separados, inclusive os seres humanos vivos, são levados a uma espécie de denominador comum. Produção material, distribuição
e consumo são administrados conjuntamente. Diluem-se as suas
fronteiras, que antes ainda separavam essas esferas correlacio-
nadas no interior do processo global, e, com isso, cuidavam do
qualitativamente diferenciado. Tudo é um. A totalidade dos processos de mediação, na verdade do processo de troca, produz
uma segunda e enganadora imediatidade. Esta permite, talvez,
contra a própria evidência, esquecer ou suprimir da consciência,
aquilo que separa [*das Trennende*] e que é antagônico.

Penso que o livro e a crítica em *Sociofobia*, por Randueles, tanto em sua primeira parte, dedicada à análise do capitalismo nuclear,
quanto na parte reservada ao período "depois do capitalismo", é essencialmente um exercício do pensamento emancipatório em seu
sentido mais radical: uma tentativa de dissipar as emanações mágicas
e desbloquear as inibições fetichistas que obliteram a compreensão
dos processos reais. Trata-se, em última instância, de um desperta-
mento para

[...] uma ampla contra-história da sociedade moderna circulando entre as distopias liberal e pan-óptica. Não se trata de restos antiquados que somos obrigados a abandonar na sarjeta. E
mais: talvez haja nessas experiências reservas de possibilidades
que apontam para potencialidades ignoradas do nosso presente. Fazem parte desse reverso do nosso tempo os projetos políticos que buscaram a emancipação social.

Essa é a razão, a meu ver, da evocação de Walter Benjamin por
César Rendeueles. As revoluções talvez sejam, como pretendia Benjamin, não as locomotivas da história mundial, mas a capacidade de
acionamento dos freios de emergência pelos seres humanos que via-
jam nesse trem. "Constelações" é o nome de uma figura metafórica
que, em Benjamin, remete a fatos e fragmentos do passado, a traços
de experiências soterradas pela marcha triunfal da história dos ven-
cedores. Trata-se de elementos virtualmente ilimitados em número,

virtualmente intemporais em sua existência, que o pensamento crítico pode sempre redescobrir. A tarefa filosófica e, portanto, da política (Walter Benjamin equipara esses dois últimos termos) é reunir esses fragmentos e fatos e vinculá-los a figuras legíveis no presente, produzindo, a partir deles, novas "constelações", variantes da verdade significada por aqueles fragmentos. Sob essa perspectiva, o livro de César Rendueles é um importante documento de análise e crítica dos movimentos atuais de nossas sociedades, que não pode deixar de ser lido e meditado por todos aqueles que têm autêntico interesse em entrar em contato com os principais desafios, questões e impasses da história contemporânea.

zona zero
sociofobia

capitalismo pós-nuclear

Pai e filho caminham dias a fio por desoladas rodovias norte-americanas. Há anos nenhum veículo transita por elas. Tudo ao redor está coberto por uma espessa camada de cinzas negras, e as nuvens, que descarregam uma neve rala e gélida, mal deixam aparecer o sol. Suas principais preocupações são encontrar água potável e alimento, sobreviver ao frio e não sucumbir à doença. Estão sozinhos. Nessa terra arrasada só perduram formas degeneradas de fraternidade. Ocasionalmente topam com outros, remotamente humanos, reunidos em hordas dedicadas a escravizar, roubar, violentar, torturar e devorar seus congêneres. O canibalismo é uma ameaça permanente.

Assim transcorre *A estrada*, o romance distópico de Cormac McCarthy[1], em torno de um futuro pós-nuclear. Pode ser difícil de acreditar, mas boa parte desses fatos ocorreram literal e repetidamente em uma imensa extensão geográfica no último terço do século XIX. A segunda metade da época vitoriana caracterizou-se por aquilo que o historiador Mike Davis, em um ensaio alucinante, definiu como "crise de subsistência global": um holocausto que provocou entre trinta e cinquenta milhões de mortes, mas que, apesar dessa dimensão, quase não é mencionado nos livros de história convencionais.

Uma imensa quantidade de pessoas – especialmente na Índia, na China e no Brasil, embora o processo tenha atingido também outras regiões do planeta – pereceu vítima de inanição e pandemias

---

1 Cormac McCarthy, *A estrada*, trad. Adriana Lisboa, Rio de Janeiro: Alfaguara, 2007.

durante uma série de megassecas, grandes ondas de fome e outros desastres naturais ligados ao fenômeno de El Niño[2].

Da Caxemira ao Xanxim, do Nordeste brasileiro à Etiópia, o mundo se transformou em um pesadelo. Os missionários, uma das fontes habituais para saber o que ocorria em lugares remotos nessa época, descrevem cenas aterradoras. As pessoas utilizavam qualquer coisa como alimento – folhas de árvores, cachorros, ratos, a palha do teto de suas casas, bolas de terra... – antes de começar a devorar cadáveres humanos e, por fim, de matar os próprios vizinhos para comê-los. Na realidade, a antropofagia foi apenas mais um passo, e não necessariamente o último, de um processo generalizado de demolição da arquitetura social. Ao longo de um território imenso, a autoridade legal se desvaneceu como se se tratasse de uma fantasia já insustentável, os templos foram utilizados como lenha, as pessoas vendiam seus próprios familiares como escravos, o banditismo se generalizava... Em poucos anos, estruturas comunitárias milenares se dissolveram quase sem deixar vestígios. Até a paisagem física parecia saída de um cenário apocalíptico: secas nunca vistas causaram a desertificação de enormes áreas, pragas de gafanhotos de proporções bíblicas assolaram os poucos cultivos que sobreviveram. Por vezes, a extrema desertificação produziu uma espécie de chuva de cinzas que cobria os terrenos áridos.

Boa parte do século XIX foi relativamente pacífica na Europa, ao menos quando comparada com o passado imediatamente anterior. As coisas não foram tão bem para os países que os ocidentais colonizaram. Entre 1885 e 1908, o chamado Estado Livre do Congo – a futura República Democrática do Congo – foi, literalmente, propriedade privada de Leopoldo II, rei da Bélgica, que instaurou uma desumana hibridação de turboempresariado, escravismo e ultraviolência. Calcula-se que o número de vítimas fatais dessas duas décadas chega, por baixo, a cinco milhões de pessoas, talvez dez. O modelo belga de exploração comercial baseava-se em um extrativismo furioso, que depredou os recursos naturais do país. Leopoldo II escravizou, por

---

2 Mike Davis, *Los holocaustos de la era victoriana tardía*, Valencia: PUV, 2006. [Ed. bras.: *Holocaustos coloniais*, Rio de Janeiro: Record, 2002.]

decreto, a população local e a submeteu a um regime de terror baseado no assassinato em massa e na tortura sistemática. Um castigo muito habitual para os trabalhadores pouco diligentes era amputar suas mãos e exibi-las em público, para servir de exemplo.

Por outro lado, as hecatombes de origem ecológica de que fala Mike Davis não foram tanto uma consequência direta da colonização quanto, num primeiro momento, o cenário para seu desenvolvimento e, depois, seu subproduto. As grandes potências do século XIX aproveitaram a situação de desamparo material criada pelas megacatástrofes para aumentar drasticamente a velocidade e a intensidade de sua expansão imperial. Na maior parte do mundo, o capitalismo se impôs literalmente como uma invasão militar. A humanidade nunca havia conhecido um processo de colonização tão rápido e de tais dimensões. Entre 1875 e a Primeira Guerra Mundial, uma quarta parte da superfície da Terra foi repartida entre uns poucos países europeus, mais Estados Unidos e Japão. O Reino Unido aumentou suas posses em cerca de dez milhões de quilômetros quadrados (a superfície total da Europa); a França, em nove milhões; a Alemanha, em dois milhões[3].

As metrópoles desenvolveram planos detalhados para quebrar a espinha das instituições locais dos territórios onde se estabeleceram. Tecidos sociais com séculos de antiguidade foram arrasados em poucos anos. Foi um projeto pouco sistemático e muitas vezes canhestro, ainda que por fim eficaz, voltado a implantar um tipo de dependência administrável por meio de um aparato econômico, político e militar moderno. As grandes catástrofes ecológicas deram apoio moral a essa iniciativa. Esses países, diziam os europeus cultos, eram vítimas de seu próprio atraso. A modernização tutelada, por mais dolorosa que fosse, redundava em seu próprio benefício. Em 1852, Karl Marx expôs com veemência esse ponto de vista em um artigo titulado "A dominação britânica na Índia":

---

3 Eric Hobsbawm, *La era del imperio*, Barcelona: Crítica, 2001, p. 66. [Ed. bras.: *A era dos impérios*, trad. Sieni Maria Campos; Yolanda Steidel de Toledo, São Paulo: Paz e Terra, 1987.]

> Por mais triste que seja do ponto de vista dos sentimentos humanos ver essas miríades de organizações sociais patriarcais, inofensivas e laboriosas se dissolverem, se desagregarem em seus elementos constitutivos, [...] não devemos esquecer que essas comunidades *villageoisies* idílicas, malgrado seu aspecto inofensivo, foram sempre uma fundação sólida do despotismo oriental, que elas retêm a razão humana num quadro extremamente estreito, fazendo dela um instrumento dócil da superstição e escrava de regras admitidas, esvaziando-a de toda grandeza e de toda força histórica. [...] É verdade que a Inglaterra, ao provocar uma revolução social no Hindustão, era guiada pelos interesses mais abjetos e agia de uma maneira estúpida para atingir seus objetivos. Mas a questão não é essa. Trata-se de saber se a humanidade pode cumprir seu destino sem uma revolução fundamental na situação social da Ásia. Senão, quaisquer que fossem os crimes da Inglaterra, ela foi um instrumento da História ao provocar esta revolução. Nesse caso, diante de qualquer tristeza que possamos sentir diante do espetáculo do colapso de um mundo antigo, temos o direito de exclamar como Goethe: 'Deve esta dor nos atormentar/ já que ela nosso proveito aumenta./ O jugo de Timur não consumiu/ miríades de vidas humanas?'[4].

A realidade era bem mais complexa. Em termos históricos, o velho não costuma ser sinônimo de frágil, e sim de robusto. As instituições tradicionais haviam conseguido até então limitar, em alguns casos com eficácia, os efeitos das megacatástrofes ligadas ao El Niño. Criaram rudimentares sistemas de assistência que reduziram significativamente a mortalidade. No pior dos casos, permitiram a reconstrução das comunidades depois da hecatombe. A destruição de seu exoesqueleto institucional, ao contrário, deixou a continentes inteiros na intempérie social e material. Nas palavras de Davis:

> Milhões de pessoas morreram não porque estivessem 'fora do sistema mundial moderno', mas porque foram violentamente incorporadas a suas estruturas econômicas e políticas. Morreram na época de ouro do capitalismo liberal[5].

4 Karl Marx, "The British Rule in India", *New York Daily Tribune*, New York: 25 jun. 1853.
5 Mike Davis, *op. cit.*, p. 21.

Os holocaustos da era vitoriana estabeleceram a estrutura social do mundo tal como o conhecemos. São o modelo da desigualdade em escala global: de um lado, um leque relativamente estreito de possibilidades de estratificação nos países centrais da economia mundial (mais nos Estados Unidos, menos na Noruega, digamos) e, do outro, para um terço da população mundial, algo que só remotamente se assemelha à vida.

No Ocidente, um conjunto de acordos institucionais, que significativamente denominamos "seguridade social", construíram uma cobertura protetora contra as borrascas do mercado. A consequência paradoxal foi que o centro do "sistema mundial moderno" declinou se incorporar a ele com a mesma entrega que recomenda ao resto do mundo. É uma dinâmica que remonta a Otto von Bismarck, mas que atingiu seu apogeu durante a Guerra Fria. O mito institucional do chamado Estado de bem-estar afirma que ele resultou da prudência, do consenso, da aprendizagem dos erros passados e do altruísmo. Na realidade, era parte de uma estratégia inteligente e ambiciosa, capitaneada pelos Estados Unidos, para minimizar o atrativo da via soviética na Europa. O resto da humanidade – ou seja, a maior parte da humanidade – não teve tanta sorte. Os processos históricos inaugurados pelos holocaustos vitorianos fundaram o Terceiro Mundo e definiram sua natureza.

A consolidação do capitalismo em escala mundial mantém estreita solidariedade com processos destrutivos de grande envergadura. A devastação das instituições tradicionais configurou as raízes do ecossistema em que hoje vivem bilhões de pessoas. A relação entre o espaço construído e os recursos naturais na maior parte do nosso planeta é, em linhas gerais, a que seria de se esperar depois de uma megacatástrofe. Depois da passagem do furacão Katrina pela Louisiana, em 2005, popularizou-se entre os desabrigados de New Orleans o lema "Bem-vindos ao Terceiro Mundo". Mais do que um *slogan* irônico, era um diagnóstico tecnicamente preciso.

Desde finais do século XX, pela primeira vez na história, há mais gente vivendo em áreas urbanas do que no campo. Estima-se que, até 2050, a proporção seja de 70% contra 30%. É enganoso falar em êxodo rural para as "cidades". De fato, não há consenso entre os especialistas quanto ao nível de urbanização contemporâneo, porque a ideia de cidade foi completamente borrada. O novo ambiente habitado que se vai impondo é composto de assentamentos difusos hiperdegradados sem nenhuma das características que tradicionalmente associamos às urbes. Trata-se de aglomerações sem traçado definido, sem água, eletricidade, ruas, pavimento ou, simplesmente, casa em nenhum sentido tradicional. É difícil superestimar a dimensão do problema:

> Os habitantes de áreas urbanas hiperdegradadas constituem um espantoso 78,2% da população urbana dos países menos desenvolvidos e pelo menos um terço da população urbana global. Os percentuais mais altos do mundo quanto ao número de habitantes de áreas urbanas hiperdegradadas encontram-se na Etiópia (onde representam 99,4% da população urbana), no Chade (também 99,4%), no Afeganistão (98,5%) e no Nepal (92%). [...] É possível que haja mais de 250 mil áreas urbanas hiperdegradadas na Terra. Só as cinco grandes metrópoles do sul da Ásia (Caráchi, Bombaim, Déli, Calcutá e Daca) contêm cerca de 15 mil áreas urbanas hiperdegradadas diferenciadas, cuja uma população total supera os 20 milhões[6].

É uma realidade global e crescente que altera completamente nossa percepção dos problemas sociais. Por exemplo, contrariando a crença popular de que o aumento da expectativa de vida no Ocidente foi consequência de sofisticados avanços médicos e farmacológicos, é consenso entre os especialistas que o fator mais importante foi a universalização dos sistemas de saneamento. A arma mais eficaz contra as doenças que o ser humano inventou são as fossas e o esgoto. Em contrapartida, a acumulação de excrementos em lugares que carecem dessas instalações é um dos principais problemas urbanos em escala mundial. São 2,5 bilhões de pessoas que vivem literalmente atoladas na própria merda, sem acesso a nenhum tipo de sistema de saneamento, nem esgotos, nem fossas negras, nem latrinas: simplesmente cagam e mijam onde podem. Essa situação torna-se dantesca em lugares como Kinshasa, uma cidade de dez milhões de habitantes

---

6 Robert Neuwirth; Mike Davis, *Planeta de ciudades miseria*, Madrid: Foca, 2008, p. 41.

sem nenhum tipo de gestão de resíduos. Calcula-se que as pessoas que vivem em lugares sem instalações sanitárias ingerem dez gramas de fezes por dia. Não é uma questão estética nem de conforto. Na última década, morreram mais crianças vítimas de diarreia do que pessoas em guerras desde a Segunda Guerra Mundial[7].

As áreas urbanas hiperdegradadas – os *megaslums* – são o problema colonial do século XXI. Assim como os holocaustos vitorianos, elas são subproduto das políticas liberais. Nos anos 1980, os organismos econômicos internacionais impuseram ao Terceiro Mundo um programa de empobrecimento e desigualdade cujas reais consequências globais só agora começamos a entender. As políticas de desvalorização, privatização da educação e da saúde, destruição da indústria local, eliminação dos subsídios alimentares e retração do setor público deterioraram radicalmente tecidos urbanos que já sofriam graves carências. Incentivou-se o êxodo rural arruinando os pequenos agricultores e favorecendo as multinacionais do agronegócio.

Os cinturões de miséria são o reverso do capitalismo de cassino, a barragem da população excedente em uma economia cada vez mais especulativa e tecnologizada. São uma fonte potencial de conflitos de uma magnitude que nem sequer conseguimos imaginar. Constituem um problema não mais ético, econômico ou político, e sim ligado a limites ecológicos intransponíveis. É como se os donos do mundo estivessem empenhados em tornar realidade os mais delirantes pesadelos malthusianos.

A aparição do Terceiro Mundo influenciou profundamente as expectativas políticas dos cidadãos ocidentais. A realidade de uma periferia infernal aumentou enormemente a sensibilidade aos custos da transformação social. A contraimagem do liberalismo ocidental é um magma antropológico totalitário, estúpido e irracional. No mais profundo do coração, sentimos que a alternativa existente ao capitalismo avançado não é mais a solidariedade conservadora das comunidades tradicionais, e sim um *continuum* infernal de pobreza, corrupção, crime, fundamentalismo e violência.

---

7 Rose George, *La mayor necesidad*, Madrid: Turner, 2010.

Na realidade, é uma espécie de tradução ideológica de um viés cognitivo que os psicólogos denominam "aversão à perda". Um experimento muito conhecido consiste em presentear algumas pessoas com objetos de vários tipos e perguntar-lhes quanto estariam dispostas a pagar para não se desfazerem deles. A outro grupo de pessoas são oferecidos os mesmos objetos, perguntando-se quanto elas estariam dispostas a pagar para tê-los. De modo geral, as pessoas estão dispostas a pagar mais para conservar aquilo que consideram seu – mesmo que o tenham ganhado há um minuto e que nunca antes o tenham desejado – do que para adquirir algo que não consideram sua propriedade, embora se trate exatamente do mesmo objeto. Do ponto de vista da teoria da escolha racional, isso é absurdo: nós nos comportamos de forma diferente diante do que, em termos objetivos, é a mesma situação.

Muitos cidadãos das democracias ocidentais estariam dispostos a pagar muito pouco para obter um sistema político em profunda crise de representatividade ou por um regime econômico irracional, instável e ineficaz. Contudo, eles acham que o preço a pagar pela perda disso tudo seria altíssimo. Na realidade, poderia haver boas razões para se conformar com o que há, como os custos de uma transição para um sistema alternativo ou sua irrealizabilidade. Mas são questões que nem sequer chegamos a nos colocar. Identificamos a mudança com uma perda que nos aterroriza acima de qualquer cálculo racional. Desprezamos o consumismo, o populismo democrático e a economia financeira, mas os preconcebemos como o único baluarte diante da barbárie contemporânea. Vivemos em um permanente estado de pânico à densidade antropológica, porque a única alternativa que conhecemos ao individualismo liberal é a degradação dos *megaslums* ou o fundamentalismo. Como se não houvesse nada entre a sede do Goldman Sachs e a Villa 31[8].

O ideal de liberdade é absolutamente incontrastável depois que faz sua aparição no mundo, nenhum projeto político pode excluí-lo. Um militante antifranquista me contou que, durante uma investida da polícia em uma manifestação estudantil dos anos 1960, viu um companheiro

---

8 Uma das maiores favelas da Argentina, localizada no centro de Buenos Aires. [N.T.]

tentando aplacar o policial que o golpeava gritando "eu não quero liberdade! eu não quero liberdade!". O policial, razoavelmente, desconfiou de sua sinceridade e continuou a espancá-lo brutalmente. Quando a liberdade irrompe na vida política, ninguém pode dizer a si mesmo que prefere ser servo. No máximo, podemos nos autoenganar identificando a submissão como uma liberdade mais genuína.

Do mesmo modo, depois que se começa a suspeitar das relações pessoais de dependência, nada pode reabilitá-las. Assim como Marx, somos incapazes de deixar de apreciar um lado positivo na destruição dos laços comunitários, por mais que a lamentemos. A vertente mais tosca e racista dessa sociofobia é o medo das invasões bárbaras, a que um magma de holismo social irrompa como uma avalanche em nossas vidas refinadas e assepticamente individualistas.

A cultura popular que se desenvolveu no apogeu do colonialismo moderno refletiu essas fobias com uma sinceridade que hoje nos parece ingênua, quase engraçada. O ensaísta sueco Sven Lindqvist reuniu alguns exemplos fascinantes extraídos das primeiras obras de ficção científica. Em 1910, Jack London, um escritor socialista, publicou "The Unparalleled Invasion". Trata-se de um conto futurista sobre o perigo amarelo e as crises demográficas. Em 1970, a China está sobrepovoada. É uma "apavorante maré de vida" que se tornou uma monstruosa ameaça de proporções geológicas: "Agora ela estava transbordando as fronteiras do seu império – apenas isso, simplesmente transbordando para os territórios vizinhos com toda a certeza e o impulso lento e aterrador de uma geleira". A elegante solução que o Ocidente encontra para esse problema malthusiano é exterminar com armas bacteriológicas uns quinhentos milhões de pessoas – todos os habitantes da China – e colonizar a terra despovoada para iniciar uma reconstrução social impecavelmente racional e moderada. É o genocídio a serviço da utopia. Em *O dia depois de amanhã*, primeiro romance de Robert A. Heinlein, não houve tempo hábil para adotar essas medidas profiláticas e, segundo o resumo de Lindqvist,

as hordas pan-asiáticas invadiram os Estados Unidos. O problema reside em como aniquilar quatrocentos milhões de 'macacos amarelos' sem ferir seres humanos. Os melhores cérebros da

América do Norte se refugiam então nas Montanhas Rochosas e criam um raio que destrói o sangue mongol sem causar dano aos demais sangues[9].

A versão atual não é muito mais sutil, apenas mais difusa. Para dar um exemplo inócuo, porém significativo, o crítico musical Víctor Lenore explica como a música popular que os pobres escutam e dançam é sistematicamente menosprezada pelos especialistas por ser tosca, repetitiva e até imoral. As páginas de tendências da grande mídia divulgam até a náusea as últimas novidades anglo-saxãs, apesar de sua recepção em nosso país ser muito minoritária. Por outro lado, é praticamente impossível encontrar notícias sobre um grupo de *tecnorumba* como Camela, que vendeu mais de sete milhões de discos, majoritariamente entre as classes populares. Estilos musicais apreciados pelos imigrantes, como o *reggaeton*, o *kuduro* ou a *cúmbia* são considerados pelos críticos um poço sem fundo de degradação estética e sexismo. É compreensível que os amantes da música abstrata, de Stockhausen, digamos, achem a música popular contemporânea grosseira e pouco elaborada. Não é o caso da maior parte dos críticos musicais, sempre receptivos a obras de aspirações irônicas pouco inovadoras e mal tocadas, desde que cheguem chanceladas pela revista *New Musical Express*. A maior parte da música que o Ocidente rico detesta é dançada em pares e extremamente colado. Uma pista de dança de *reaggaeton* é uma espécie de consumação do pesadelo simbólico ocidental: uma massa suarenta, apinhada e sem instrução cantando em coro letras de alta voltagem sexual e propensas à violência.

A sociofobia é um viés universal, e não temos como fugir dela. Muitos movimentos ruralistas e comunitaristas, nostálgicos das relações tradicionais sossegadas e do *slow life*, baseiam-se em uma percepção da grande cidade como um lugar de excesso social, não de isolamento individualista. Walter Benjamin expressou esse fato com perfeição em um texto de 1939, intitulado "Sobre alguns temas em Baudelaire":

9 Sven Lindqvist, *Historia de los bombardeos*, trad. Sofía Pape, Madrid: Turner, 2002, p. 186.

Angústia, repulsa e imenso horror. Foi isso que a multidão da grande cidade despertou nos primeiros que a olharam nos olhos. Para Poe, ela possui algo de bárbaro. A disciplina mal a domina. Mais tarde, James Ensor não se cansou de nela confrontar, justamente, a disciplina com o desregramento[10].

O nome do jatinho que Ronald Reagan usou durante sua campanha eleitoral de 1980 era Free Enterprise II. Foi a *boutade* de um político que fez da autoparódia uma forma de *marketing*. Porque uma realidade fascinante do capitalismo é o fato de ter-se imposto em escala global apesar de carecer de grandes discursos de legitimação. A sociedade de mercado não tem nenhum Péricles, Catão ou Santo Agostinho. Não tem declarações de direitos, atas institucionais nem monumentos. Isso chama a atenção porque poucas sociedades exigiram uma lealdade tão heroica e uma ritualização tão extrema dos comportamentos cotidianos. O mercado toma toda nossa vida com uma intensidade que outros projetos expansionistas e universalistas – como o catolicismo ou o Império Romano – jamais ousaram sonhar. Contudo, nenhum arco do triunfo comemora as batalhas vencidas pela United Fruit Company. Nenhum sacerdote faz abracadabra em uma língua morta para que aceitemos a transubstanciação da riqueza especulativa em bens e serviços tangíveis.

A maior parte dos discursos dominantes acerca da nossa realidade social são voltados a negá-la. Os políticos só falam da desigualdade, da exploração ou da alienação – que são, objetivamente, os fenômenos sociais mais característicos do mundo moderno – para diluí-las como efeitos colaterais de um processo de melhora em andamento e, em todo caso, inexorável. Nesse sentido, deve-se reconhecer o mérito do liberalismo econômico radical, que ousou descrever com realismo nossa desumana atualidade... para defendê-la. Os liberais aceitaram a vertigem do niilismo social. Assumiram a sociofobia como uma opção desejável.

---

10 Ed. bras.: Walter Benjamin, "Sobre alguns temas em Baudelaire", em: *Charles Baudelaire, um lírico no auge do capitalismo. Obras escolhidas III*, trad. José Carlos Martins Barbosa e Hemerson Alves Baptista, São Paulo: Brasiliense, 1995.

o pan-óptico global

Em *Revolução no futuro,* primeiro romance de Kurt Vonnegut, Nova York se transformou em uma espécie de clube privado para as elites tecnocráticas dos Estados Unidos, que comandam uma economia quase completamente automatizada. A maior parte das pessoas vive sem pobreza material extrema, mas profundamente alienada, dedicada a tarefas absurdas e sem capacidade de decisão política. No início do romance aparece o xá de Bharatpur, um nobre oriental em visita aos Estados Unidos convidado pelo governo norte-americano. O xá manifesta grande curiosidade em conhecer a forma de vida da população americana. Seu guia, Halyard, explica-lhe a rotina habitual de um cidadão médio: trabalhar em troca de um salário, viver em pequenas casas, pagar dívidas... O visitante, ajudado pelo intérprete Khachdrahr, logo entende:

> — Ahh! — disse o xá assentindo com a cabeça: — *takaru.*
> — O que ele disse? — perguntou Halyard ao intérprete.
> — *Takaru* — respondeu o intérprete —, ou seja, um escravo.
> — Não *takaru* — disse Halyard, dirigindo-se diretamente ao xá. — Ci-da-dão.
> — Ahhhhhh! — disse o xá. — *Ci-da-dão* — sorriu alegremente. — *Takaru*-cidadão. Cidadão-*takaru.*
> — Não é *takaru!* — replicou Halyard[11].

---

11 Ed. bras.: Kurt Vonnegut, *Revolução no futuro,* trad. Roberto Muggiati, São Paulo: Círculo do Livro, 1981.

De certo ponto de vista, nossa sociedade é extremamente semelhante a todas as demais, e uma parte da crítica política moderna dedica-se a mostrar isso claramente: a diferença mínima entre os servos e os assalariados, a continuidade entre os escravos que erigiram as pirâmides e as crianças operárias nas tecelagens da Manchester vitoriana (ou os prisioneiros de Stálin que construíram as grandes obras hidráulicas soviéticas). Mas, de outro ponto de vista, nada é igual e as diferenças são cruciais. Nós nos afastamos radicalmente da norma antropológica. Temos apenas uma leve e nebulosa autoconsciência dessa diferença essencial, de sua centralidade cultural e de nossa incapacidade para resolvê-la em um sistema estável.

Há dois séculos estamos imersos em um experimento de engenharia social de escala jamais sonhada. O historiador húngaro Karl Polanyi dizia que o ideal liberal de uma sociedade, cuja subsistência material dependesse das relações de mercado era, simplesmente, uma utopia. Ao longo da história, a maioria das comunidades utilizou alguma forma de comércio para trocar bens e serviços. Mas esses negócios tradicionais sempre foram instituições marginais ou, pelo menos, muito limitadas. O mercado era, literalmente, um lugar – a praça do mercado – que se estabelecia em certos momentos especiais – os dias de mercado. Conta Heródoto que, quando uma delegação espartana foi à corte de Ciro para adverti-lo das represálias que sofreria se atacasse os gregos, o rei persa lhes respondeu que não se sentia intimidado por um povo que tinha habilitado em suas cidades um espaço – o mercado – onde enganar uns aos outros.

Com a modernidade, o mercado se transformou pela primeira vez em uma instituição geral que impregna a totalidade da realidade social. O sistema de compra e venda colonizou nosso corpo e nossa alma. Vendemos amplos pedaços da nossa vida no mercado trabalhista, obtemos um teto sob o qual nos abrigar mediante sofisticados instrumentos financeiros chamados hipotecas, o ar que respiramos é cotado em mercados de carbono, os alimentos que comemos fazem parte de complexas cadeias especulativas...

Quase todas as sociedades tradicionais, ao contrário, tomaram muito cuidado em excluir do mercado alguns bens e serviços essenciais, como a terra, os produtos de primeira necessidade ou o dinheiro.

O comércio é um tipo de interação competitiva na qual tentamos tirar vantagem de um oponente. "Vender caro, comprar barato" é a única norma de conduta indiscutível no mercado. As sociedades pré-capitalistas consideravam uma loucura condicionar sua sobrevivência material à incerteza da concorrência. Pela mesma razão que pensamos que quem aposta sua única casa no pôquer ou joga roleta-russa faz algo não apenas perigoso, mas também errado: a desproporção entre riscos e benefícios é muito alta. As pessoas sempre precisam de comida, abrigo, cuidados e um lugar onde cair mortas. É razoável submeter essas necessidades estáveis ao acaso do mercado? É sensato simplesmente fechar os olhos e desejar com força que o livre jogo da oferta e da demanda gere um resultado que satisfaça adequadamente o sustento da maioria? Durante milênios, a resposta foi unânime e categórica: não! Mas, claro, nós somos muito mais espertos.

O "sistema mercantil", que é a expressão usada por Polanyi para designar a forma em que o mercado irrompeu em nossa vida, parece-se mais com os falanstérios e as comunas do que com as relações sociais convencionais. É um programa utópico, e não, como às vezes se diz, a serena consumação de um impulso comercial universal na espécie humana. O livre-mercado nunca existiu nem poderá existir jamais. É uma quimera que causou um sofrimento insólito. E, como todas as utopias, é um projeto fracassado e profundamente contraditório. Por isso, no capitalismo real, o estado intervém constantemente para evitar que a terra do nunca do livre-mercado desmorone como um castelo de cartas, arrastando consigo as elites que se aproveitam de suas falsas promessas. Nos últimos anos, foram usados os mesmos argumentos para justificar o uso em grande escala de recursos públicos no resgate do sistema bancário e para defender o desmantelamento de empresas públicas ou a prática isenção de impostos dos mais ricos. O capitalismo histórico nunca cedeu à tentação da coerência.

Os liberais lembram um pouco aqueles saint-simonianos que vestiam jaquetas com botões nas costas para serem obrigados a pedir ajuda para fechá-las e, assim, fomentar a fraternidade. A diferença, claro, é que a ideologia do mercado triunfou e parece própria do senso comum. Mas basta cavoucar um pouco entre as raízes ideológicas do nosso tempo para detectar um poderoso aroma milenarista incompatível com qualquer sociedade real.

The Yes Men é um coletivo de artistas que se dedica a suplantar e parodiar representantes das instituições financeiras e das grandes empresas em foros empresariais internacionais. Sua principal descoberta foi que é impossível escandalizar o mundo corporativo. Fazendo-se passar por membros da OMC, apresentaram em público iniciativas como ilegalizar a sesta, reabilitar o tráfico de escravos, estabelecer um mercado de votos ou de direitos humanos – de forma que um Estado que precise violar os direitos fundamentais possa comprar de outro sua cota de infrações –, acabar com a fome mediante um sistema para que os pobres reciclem hambúrgueres já digeridos... Tudo isso foi ouvido com interesse e murmúrios de aprovação por grandes audiências compostas por empresários e gestores públicos.

O capitalismo é impossível de ser parodiado. Nada pode surpreender um mundo que organiza o trabalho, o uso do dinheiro e a produção de alimentos através de uma espécie de competição esportiva generalizada e obrigatória que chamamos mercado. O utopismo é a essência da visão de mundo dessa gente da ordem, sensata e razoável, que se dedica aos seus negócios e não quer confusões. Sua mensagem apocalíptica tem sólidas bases filosóficas e pode ser rastreada no utilitarismo do século XVIII. Muitos intérpretes leem com condescendência os utilitaristas como pragmatistas ingênuos, pequeno-burgueses intelectuais sem grandes aspirações. É um erro. São davidianos disfarçados. Suas ideias são foscas e pouco emocionantes simplesmente porque seu explosivo programa niilista morreu de êxito.

De fato, o fundador do utilitarismo, Jeremy Bentham, foi um personagem excêntrico e audacioso, um "yes man" do iluminismo. Em seu testamento, estabeleceu que seu cadáver deveria ser dissecado em uma aula de anatomia, mumificado, vestido com suas próprias roupas e sentado em uma cabine de madeira denominada *auto-icon*. O corpo de Bentham é conservado no University College de Londres, onde permanece exposto ao público. Bentham dedicou toda a vida à transformação social. Considerava-se um reformista e não quis se privar de uma última e radical intervenção *post mortem*, questionando um dos grandes universais antropológicos:

o surgimento de cerimônias de sepultamento é tradicionalmente considerado um marco fundamental do processo de hominização.

Não foi à toa que Bentham renunciou às convenções estabelecidas. Não pediu que seu corpo fosse jogado em um esgoto. Primeiro o cadáver devia ser tratado objetivamente como carne morta para, em seguida, proceder a uma reformulação aperfeiçoada dos usos funerários. Trata-se de uma espécie de paródia macabra do elemento central do sistema benthamiano: a busca de um grau zero da sociabilidade a partir do qual reconstruir as relações entre as pessoas sobre bases racionais. Bentham reconhece a natureza gregária do ser humano, mas desconfia profundamente da fraternidade natural e sua viscosidade etnológica. Aspira distinguir a sociabilidade das relações de dependência pessoal, das superstições, das paixões desenfreadas e da falsa consciência. Incentivou uma ortopedia pública do laço social natural que corrigisse suas taras comunitárias.

O cerne do utilitarismo é a ideia, relativamente frequente no contexto filosófico de Bentham, de que todo ato humano deve ser julgado conforme o prazer ou o sofrimento que acarreta, com o propósito de obter a máxima felicidade para o maior número de pessoas. Bentham transformou esse lugar-comum em uma fonte de transformações políticas radicais. Basicamente, a coletividade feliz ao extremo é aquela que facilita aos indivíduos que a compõem a realização coerente das atividades que cada um considera mais prazerosas. Não apenas em nome de um individualismo ético ou ontológico, mas por uma questão de eficácia: ninguém, muito menos os governantes, pode saber o que proporciona mais satisfação a cada indivíduo tão bem quanto o próprio implicado. A busca individual da felicidade transmite ao sistema social uma informação vital para que a felicidade total seja a máxima possível. As fontes da felicidade estão atomizadas, não há deliberação em comum acerca dos objetivos mais desejáveis.

Essa estratégia é um correlato perfeito da concepção do sistema de preços como meio idôneo para conseguir uma ótima atribuição dos recursos. Por isso, a escola neoclássica de economia inspirou-se diretamente em Bentham. Idealmente, os preços transmitem, a um custo mínimo, uma informação fragmentária que se agrega automaticamente. Parte-se do pressuposto de que assim se gera um nível de coordenação social maior do que qualquer instituição organizadora poderia conseguir. Dessa perspectiva, a intervenção centralizada não faz mais do que distorcer o fluxo de informação, impedindo a perfeita coordenação.

Para Bentham, a maximização da felicidade comum é a chave de um laço social racional. Se nos unimos, é só por uma questão de economia de escala: juntos podemos conseguir mais felicidade total do que separados. Qualquer intervenção coletiva voltada a organizar a sociabilidade, incluído o altruísmo cristão, distorce e dificulta a busca individual de satisfação, que é o único motivo racional para nos unirmos. A fraternidade natural – a lealdade, o consenso, a reflexão em comum, a dependência pessoal... – destrói as bases racionais da sociedade. Desde então, essa sociofobia é uma ideia tão central nas correntes liberais que só seus representantes mais honestos, lúcidos e moralmente repugnantes, como o economista Milton Friedman, atrevem-se a manifestar:

> Para o liberal, [...] o ideal é a unanimidade, entre indivíduos responsáveis, alcançada na base de discussão livre e completa. Desse ponto de vista, o papel do mercado [...] é o de permitir unanimidade sem conformidade e ser um sistema de efetiva representação proporcional. De outro lado, o aspecto característico da ação através de canais explicitamente políticos é o de tender a exigir ou reforçar uma conformidade substancial. [...] Mesmo o uso da representação proporcional, em sua forma explicitamente política, não é esta conclusão. O número de grupos separados que podem de fato ser representados é enormemente limitado em comparação com a representação proporcional do mercado. [...] O uso dos canais políticos, embora inevitável, tende a exigir muito da coesão social, essencial a toda sociedade estável. [...] O uso amplo do mercado reduz a tensão aplicada sobre a intrincada rede social por tornar desnecessária a conformidade, com respeito a qualquer atividade que patrocinar. Quanto maior o âmbito de atividades cobertas pelo mercado, menor o número de questões para as quais serão requeridas decisões explicitamente políticas e, portanto, para as quais será necessário chegar a uma concordância[12].

---

12 Milton Friedman, *Capitalismo y libertad*, Madrid: Rialp, 1966. [Transcrito da ed. bras.: *Capitalismo e liberdade*, trad. Luciana Carli, São Paulo: Abril Cultural, 1984, p. 29.]

A utopia mercantil oferece a possibilidade de satisfazermos nossos desejos sem necessidade de atravessar uma densa rede de conexões familiares, religiosas, afetivas ou estamentais. É a diferença que existe entre, simplesmente, entrar em uma loja e comprar um par de sapatos e tentar obtê-los por meio desse cansativo intercâmbio ritual de presentes que chamamos "Natal". Os liberais informam que não somos como os gregos de Homero. No mercado, podemos obter um tripé, umas bugigangas de bronze e uns odres de vinho sem a necessidade de nos envolvermos em competições sangrentas, disputas com divindades caprichosas e liturgias esgotantes.

Mas Bentham foi muito mais ambicioso, pois tentou levar esse projeto também aos aspectos coercitivos da vida social. Às vezes descreve-se ironicamente o projeto político da direita neoconservadora americana como um keynesianismo de direita, só retoricamente liberal e, na realidade, profundamente intervencionista. Desde o governo Reagan, fala-se obsessivamente na necessidade de reduzir a influência do Estado em favor do livre-mercado. E assim foi em áreas como saúde ou educação. Contudo, o gasto público militar, policial e penitenciário cresceu de modo exponencial, atingindo cifras estratosféricas. Bentham não cometeu essa incongruência. Foi mais sinceramente utópico e não se resignou a que a repressão se dissociasse dos ideais liberais.

O projeto ao qual ele dedicou mais tempo, dinheiro e energia foi o pan-óptico. Trata-se de um plano arquitetônico e organizativo aplicável a qualquer instituição onde seja necessária a vigilância: escolas, hospitais, quartéis militares, fábricas e, principalmente, prisões. O pan-óptico é uma construção circular. As pessoas fiscalizadas habitam celas individuais dispostas ao longo da circunferência do edifício, enquanto os vigilantes ocupam uma torre de vigilância localizada em seu centro. Uma série de dispositivos construtivos – pavimentos de diferentes alturas, corredores de vigilância, persianas, sistemas de contraluz, tubos de comunicação... – permite que os guardas observem os prisioneiros sem ser vistos.

Na segunda metade do século XVIII, quando Bentham escreve, o debate sobre as prisões ocupava um lugar relevante na agenda política europeia. Afinal, o ano zero da sociedade moderna é marcado pelo assalto a uma famosa prisão francesa: a Bastilha. Os iluministas queriam melhorar a situação e a função das prisões. Os cárceres da época eram, basicamente, uma reprodução da sociedade em pequena escala. Trata-va-se de lugares muito caóticos, onde literalmente era difícil distinguir os criminosos dos guardas ou dos visitantes e onde os reclusos tinham condições de vida radicalmente diferentes em função de seu nível econômico ou *status*. A jornada dos prisioneiros raramente era regulada, e frequentemente lhes era permitido elaborar suas próprias regras de autogoverno.

Bentham usou esse microcosmo como uma espécie de laboratório para reconstruir as relações sociais sobre bases racionais e não comunitárias. A chave tecnológica do pan-óptico é a permanente visibilidade dos prisioneiros, que, em compensação, nunca sabem quando estão sendo observados a partir do edifício central de vigilância. A insegurança gerada por essa exposição total produz os mesmos efeitos que uma supervisão perfeita, mas com custos e interação pessoal mínimos. Ou seja, o que o pan-óptico faz é levar a sociofobia liberal ao âmbito da dominação. Até mesmo em uma utopia haverá pessoas que obrigam outras a fazerem o que não desejam. Mas as pessoas submetidas lidarão com seus vigilantes em um ambiente livre de atritos comunitários.

O pan-óptico é o modelo das relações de poder internacionais na modernidade. Ninguém pode ser tão ingênuo a ponto de pensar que as relações entre o Ocidente e os países periféricos são baseadas na cordialidade, que a estratificação mundial é o resultado justo de uma competição comercial pautada no jogo limpo. Mas é uma dominação sutil e barata para os ganhadores. Assim como no pan-óptico, ela não se baseia em uma presença intrusiva e permanente dos vigilantes, e sim na exposição total ao castigo dos mercados, das instituições financeiras internacionais e dos acordos políticos. Claro que nenhuma potência descarta a possibilidade de abrir mercados, literalmente, a tiros de canhão, desde a Guerra do Ópio até a do Iraque, mas é uma alternativa de alto custo, tanto econômico quanto político, além de ser considerada pouco honrosa. Sem dúvida, Washington causou mais mortes fomentando os interesses comerciais norte-americanos do que Roma em sua expansão imperial, mas os prisioneiros de guerra dos Estados Unidos acabam em prisões e centros de tortura secretos, e não crucificados ao longo da Rota 66. A repressão extrema é reservada para os casos em que um país ousa a romper as regras do pan-óptico internacional, como foi o caso de Guatemala, Espanha, Chile, Argentina, Brasil, Indonésia, Haiti, Argélia, Nicarágua e um longo etc. que chega até o Paraguai contemporâneo.

A utopia do livre-mercado fracassou. Esse desastre abriu caminho a uma sequência de crises especulativas cada vez mais destrutivas. É um resultado tediosamente previsível quando a busca do lucro privado prevalece sobre qualquer limite político. Um sistema econômico baseado em um arrogante desprezo pelas condições materiais e sociais da subsistência humana está condenado a cair em um processo autodestrutivo cuja única finalidade é tentar se reproduzir, sem sucesso.

As fortunas de Carlos Slim, Amancio Ortega, Bill Gates ou Warren Buffett são puramente virtuais, uma abstração; ninguém pode converter tamanhas somas em dinheiro vivo. Sua riqueza é em si mesma um bem supérfluo. O paleocapitalismo caracterizou-se por uma ingênua cultura da ostentação que hoje nos parece quase simpática. Em um jantar celebrado em Nova York no final do século XIX,

> os convidados se depararam com uma mesa cheia de areia e, diante de cada cadeira, uma pequena pá, daquelas que eram usadas para procurar ouro; ao receberem certo sinal, começaram a cavar para encontrar diamantes e outras pedras preciosas previamente enterradas na areia. Em outra festa, várias dezenas de cavalos com os cascos devidamente protegidos entraram no salão de dança do Sherry's, um imenso e luxuoso restaurante, e passearam por entre as mesas, para que os convidados, vestidos de vaqueiros, pudessem desfrutar do insólito e sublimemente inútil prazer de jantar em um salão nova-iorquino montados a cavalo[13].

Essas extravagâncias são insignificantes perto do espantoso afã de reunir uma fortuna pessoal equivalente ao PIB de um país de porte médio.

---

13 Bill Bryson, *Una breve historia de la vida privada*, Barcelona: RBA, 2012, p. 296.

A utopia pan-óptica também fracassou. Esse desastre deu lugar ao Terceiro Mundo tal como o conhecemos. Nos países pobres, as sociedades tradicionais não desapareceram sem mais, apenas abrindo espaço a fluxos de trocas desiguais e ao colonialismo econômico. Produziu-se, mais do que isso, uma volta do comunitarismo reprimido, de uma violência estarrecedora. A destruição das sociedades neolíticas não eliminou o atrito social, mas o corrompeu, transformando-o em miséria, violência, desespero, fanatismo e doença.

> Em Uganda, o Exército de Resistência do Senhor, cujo objetivo declarado é governar o país segundo os Dez Mandamentos, recruta seus efetivos cercando escolas afastadas e ateando fogo nelas. Às crianças que conseguem fugir das chamas é dada a opção entre se ou alistarem ou morrerem de um tiro. O seguinte requisito para quem se alista é cometer uma atrocidade em seu bairro ou aldeia natal, como por exemplo estuprar uma senhora de idade, para dificultar ao máximo sua volta para casa[14].

Um amigo meu de Medellín contou-me que a diminuição do confronto político na Colômbia não reduziu em muito a violência urbana entre as classes populares, apenas a transformou. Agora os assassinatos são realizados pelos chamados *combos*, gangues de jovens que lutam por territórios devastados nos bairros mais pobres da cidade. O gosto dos integrantes dos *combos* pelos clipes de *rap* e pela cultura televisiva norte-americana está tendo consequências fatais. Parece que muitas vítimas colaterais resultam do hábito que os rapazes têm de imitar os gângsteres da televisão, disparando suas armas de lado. O resultado é que as pistolas se descontrolam, fazendo uma varredura horizontal e atingindo uma área muito mais ampla. Pier Paolo Pasolini considerava que o consumismo tem efeitos sociais devastadores. Hoje isso é mais do que uma metáfora.

---

14 Paul Collier, *El club de la miseria*, Madrid: Turner, 2007, p. 59.

a contra-história

Apesar de tudo, o capitalismo histórico é uma realidade muito mais complexa e contraditória do que costumamos imaginar. Calcula-se que 800 milhões de pessoas em todo o mundo participam de cooperativas que dão emprego a mais de 100 milhões de trabalhadores. Segundo a ONU, algum membro da metade dos lares finlandeses e de um terço dos japoneses participa de cooperativas. Em termos de PIB, 45% da economia queniana e 22% da neozelandesa podem ser atribuídos a cooperativas. Dependem de cooperativas: na Noruega, 80% do leite; na Coreia, 71% da pesca; em Singapura, 55% do mercado varejista; no Brasil, 40% da agricultura e, na Colômbia, 24% do setor da saúde, para dar apenas alguns exemplos. Por outro lado, vários milhões de pessoas permanecem à margem da economia de mercado, entre eles muita gente que ainda vive da caça e da coleta.

Achamos que as empresas transnacionais são todo-poderosas, mas o fato é que, em comparação com os grandes Estados, são pequenas. A especulação financeira movimenta somas estratosféricas, porque se trata de cifras imaginárias. Mas quando se trata da economia real, nenhuma empresa se aproxima nem remotamente aos ganhos fiscais dos países mais ricos do mundo. Mais de 10% do emprego mundial concentra-se nos serviços públicos. Por exemplo, o número de contratados em todo o mundo pelo maior empregador privado internacional, a Wal-Mart, mal supera metade dos funcionários públicos alemães. Em nível global, a economia familiar de subsistência continua a ter uma enorme importância. Apenas metade da população ativa mundial encontra-se em uma relação empregador-empregado: "Sem considerar o capitalismo de Estado, um fenômeno importante na China, apenas 40% da força de trabalho global está diretamente comprometido em uma relação capital-trabalho"[15].

Existe uma ampla contra-história da sociedade moderna circulando entre as distopias liberal e pan-óptica. Não se trata de restos antiquados que somos obrigados a abandonar na sarjeta. E mais: talvez haja nessas experiências reservas de possibilidades que apontam para potencialidades ignoradas do nosso presente. Fazem parte desse reverso do nosso tempo os projetos políticos que buscaram a emancipação social.

O socialismo, o anarquismo, o comunismo e os movimentos autônomos tentaram romper a heteronomia capitalista e instituir um espaço público onde, ao menos em princípio, fosse possível governar nossa vida. Apesar do que se costuma dizer, seu programa era implacavelmente modesto. Bertolt Brecht tem um poema intitulado "O comunismo é o meio-termo", em que ele refuta as acusações de radicalismo. O que é radical é o capitalismo, que subverteu todos os limites materiais, morais e ecológicos. Walter Benjamin completava essa ideia com uma reconsideração do papel da revolução social: "Marx diz que as revoluções são a locomotiva da história mundial. Mas talvez se trate de algo totalmente diferente. Talvez as revoluções sejam a puxada no freio de emergência dada pelo gênero humano que viaja nesse trem".

Os anticapitalistas entenderam que, na realidade, os grandes dramas de nossa era – a desigualdade material e social, a instabilidade econômica, o racismo e o patriarcado – são questões simples de resolver com pequenos ajustes: apenas uma mudança na propriedade dos meios de produção e um pouco de iluminismo. Exagerar esses probleminhas até transformá-los em uma distopia planetária condenou a modernidade a não poder enfrentar dilemas muito mais amplos, como as fontes da realização pessoal, do ódio e da

---

15 Góran Therborn, *El mundo. Una guía para principiantes,* Madrid: Alianza, 2012, p. 242. [Ed. bras.: *O mundo. Um guia para principiantes,* São Paulo: Contexto, 2013.]

humilhação ou a possibilidade de uma fraternidade não opressora. Os revolucionários apenas aspiraram alimentar, educar e levar a democracia radical a toda a população mundial. Uma coisa aparentemente factível e desejável, dado nosso nível de desenvolvimento tecnológico e político. É justamente isso que torna esse projeto tão assustador. Porque pode ser visto ao contrário: alimentar a população mundial obriga a destruir o mundo tal como o conhecemos.

Se bem que, a bem da verdade, as propostas de emancipação nunca abriram mão de uma tese mais ambiciosa e nitidamente utópica. Todas elas, sem exceção, festejaram o desaparecimento das velhas correntes comunitárias das sociedades tradicionais que cerceavam a liberdade individual e exaltavam a autoridade e a superstição. Mas, ao mesmo tempo, condenaram o individualismo moderno, o declínio da solidariedade e o surgimento de sociedades de massa ligadas por laços extremamente fracos. Nesse sentido, propuseram uma reabilitação da comunidade sobre bases não tradicionais. Tentaram conjugar a liberdade individual característica das sociedades ilustradas com um vínculo social sólido e que contribuísse para a realização pessoal conjunta. Para dizê-lo em termos contemporâneos, tentaram propor uma alternativa tanto à atomização individualista do consumismo pós-moderno como ao retorno reacionário às sociedades tradicionais sob a forma de pobreza e fanatismo.

O resultado não foi muito apetecível, é verdade. O homem novo socialista pretendia ser uma amálgama de virtudes burguesas e fortes tradições populares. As relações pessoais de dependência tinham sido substituídas por uma solidariedade objetiva. A julgar pela propaganda soviética, o novo sujeito pós-capitalista era um vigoroso coquetel de entusiasmo doentio pelas grandes obras de engenharia, submissão à autoridade burocrática e um caráter gregário a meio caminho entre um lemingue e o capitão de um time de futebol.

Esse único aspecto utópico foi permanentemente ridicularizado por pessoas que, por outro lado, falam da capacidade dos parlamentos de encarnar a vontade popular como se fosse uma variável física que pudesse ser medida com representômetros. *A curiosa iluminação do professor Caritat* é um divertido romance utópico de Steven Lukes que, um pouco à maneira de Swift ou de

Voltaire, explora as teorias políticas contemporâneas. O protagonista, Nicholas Caritat, realiza um acidentado périplo por diversos países onde as doutrinas comunitaristas, liberais, utilitaristas ou autoritárias foram aplicadas até as últimas consequências. Significativamente, Caritat só visita Proletariat, a utopia socialista, durante um sonho. Assim é descrita uma confecção em Proletariat:

> Observou que, de quando em quando, os trabalhadores se levantavam para ir de um posto de trabalho a outro: uma costureira unia-se à equipe de *design*, um maquinista se transformava em artesão, um contador empunhava um par de tesouras e assim por diante. Moças jovens, altas, ágeis, elegantes e incrivelmente atraentes e homens bronzeados, musculosos e atléticos caminhavam de modo sensual de uma ponta a outra da plataforma elevada, vestidos com a roupa confeccionada ao longo do dia. Milhares de olhos erguiam-se ao mesmo tempo para observá-los. Assim se resolvia a alienação do produto do trabalho. Apenas olhando para o céu, os trabalhadores podiam contemplar, a qualquer momento, o produto final de seu esforço coletivo[16].

Embora as paródias tenham sido injustas, não resta dúvida de que a típica concepção do vínculo social revolucionário é um dos principais e mais razoáveis motivos de rejeição das políticas antagonistas por parte dos cidadãos das democracias ocidentais contemporâneas. As propostas políticas que apostam no surgimento de novas formas de sociabilidade despertam desconfiança até entre seus próprios partidários. É como se essas iniciativas não fossem levadas totalmente a sério, como se elas só existissem porque quem as defende sabe que não terão chances reais de pôr suas ideias em prática. Não vemos por que diabos deixaríamos de ser individualistas, egoístas, desconfiados e insolidários.

Essa deixou de ser uma questão arqueológica ligada às aspirações dos movimentos políticos antagonistas do século XX. Na realidade, ela ocupa uma posição central no horizonte ideológico contemporâneo.

---

16 Steven Lukes, *El viaje del profesor Caritat*, Barcelona: Tusquets, 2001, p. 208. [Ed. bras.: *A curiosa iluminação do professor Caritat*, trad. Sonia Torres, Rio de Janeiro: Revan, 2000.]

A pós-modernidade acelerou o movimento de destruição dos laços sociais tradicionais, fazendo explodir pelos ares a continuidade das carreiras profissionais, as relações afetivas e familiares ou as lealdades políticas. Em troca, oferece-nos uma alternativa baseada naquilo que se apresenta como as novas formas de sociabilidade: uma crescente rede de contatos entre sujeitos frágeis, laços tênues, mas cerrados, conectados com a ajuda de uma pomposa ortopedia tecnológica.

Cada vez é mais habitual descrever as relações pessoais e as dinâmicas coletivas mediante analogias com o tipo de contato que se estabelece nas redes de comunicações. Acontecimentos políticos, econômicos ou demográficos, criações culturais ou laços familiares, experiências afetivas ou estéticas... Até onde a internet e as ferramentas digitais não desempenham um papel relevante, falamos em redes e conexões.

Não nos sentimos interpelados pelo duplo fracasso do hipercapitalismo e do Terceiro Mundo, porque nossas sociedades pensam a si mesmas como um ambiente reticular ao mesmo tempo sutil e denso, com vínculos sociais cuja fragilidade é compensada por sua fartura. Assim, a internet teria realizado a utopia sociológica do comunismo: um delicado equilíbrio entre liberdade individual e calor humano comunitário, ou pelo menos o sucedâneo que o Facebook e o Google+ possam nos proporcionar. Os filósofos do século XVII usavam a analogia do relógio para descrever o ambiente natural e a subjetividade humana. Hoje os cientistas sociais utilizam a metáfora da rede para explicar todo tipo de relações, mediadas ou não pela tecnologia digital: as migrações, o trabalho, o sexo, a cultura, a família...

Creio que são analogias bem pobres, que limitam nossa capacidade de entender processos históricos de longa duração. Mas o mais interessante é pensar como essa transformação da compreensão das relações sociais é afetada por nossa aspiração a viver em um mundo mais justo e menos alienado e pelo que acreditamos que devemos fazer para consegui-lo. Em suma, penso que o fetichismo das redes de comunicação teve profundo impacto nas nossas expectativas políticas: basicamente, as reduziu.

O socialismo projetava ao futuro a construção do novo vínculo social. Seria o resultado de nossa imaginação política e de imensas comoções sociais. A pós-modernidade nos assegura que esse futuro já está aqui, a única decisão que se deve tomar para desfrutá-lo é escolher entre Android e iPhone. O que a tradição revolucionária resolvera falsamente em termos utópicos, os *geeks* consideram falsamente transformado em termos ideológicos. A utopia do homem novo já é desnecessária, basta baixar um gerenciador de *torrents*. É como se os problemas de um projeto se refletissem invertidos no outro. Lembra um pouco a definição de relação heterossexual que alguém deu em *Sammy e Rosie*, o filme de Stephen Frears: "quando a mulher tenta gozar e não consegue, e o homem tenta não gozar, e não consegue".

A fraternidade das tradições emancipatórias seria fruto da superação lenta e atribulada de alguns problemas materiais, sociais e políticos da modernidade. O futurismo contemporâneo inverte a fórmula. A revolução digital aspira dissolver os problemas econômicos do livre-mercado privilegiando novas relações comerciais baseadas no conhecimento, na criatividade e na conectividade. Também apagará de um golpe o desastre do pan-óptico global. Os países atrasados romperão com seus ciclos de miséria e dependência comercial. Muitos africanos utilizam hoje dispositivos avançados de telefonia móvel sem terem passado pelo computador pessoal. Do mesmo modo, os países mais desfavorecidos queimarão etapas do desenvolvimento e ingressarão na economia livre de atritos sem terem de atravessar o purgatório industrial. A Índia passará diretamente do grupo de camponeses expropriados, ainda marcado pelo sistema de castas, a uma sociedade igualitária de programadores, engenheiros, *hackers* e *community managers*. O Egito, das ditaduras terceiro-mundistas protegidas pelo Ocidente à ciberdemocracia mais avançada... E tudo isso sem guilhotinas nem palácios de inverno, sem economia de guerra nem substituição das importações, sem missões de alfabetização nem campanhas de vacinação... Simplesmente *deixando fazer*, já não mais o mercado propriamente dito, e sim sua versão melhorada e evoluída: as interações digitais.

Acredito que esse ciberutopismo é, em essência, uma forma de autoengano. Ele nos impede de entender que as principais limitações à solidariedade e à fraternidade são a desigualdade e a mercantilização. Não obstante, também não tenho grandes problemas em reconhecer que o programa emancipatório clássico – o do socialismo, do comunismo e do anarquismo – morreu, ao menos em sua literalidade. Não porque suas reivindicações careçam hoje de sentido ou tenham sido realizadas. Muito pelo contrário; o que ocorre é que a igualdade e a liberdade são assuntos muito urgentes e importantes para serem deixados nas mãos de projetos em que muito pouca gente se reconhece. Uma sociedade que se pensa como uma rede é diferente de uma que não se pensa assim. Por isso a crítica do ciberutopismo deveria levar a reformular os programas de transformação política procedentes do passado e a repensar suas propostas de refundação da solidariedade social.

Toda essa efervescência social digital é, no fundo, um luxo decorativo. É inútil para aquilo que a vida em comum deveria servir: cuidarmos uns dos outros. E algo parecido ocorre com o igualitarismo 2.0, essa sensação de que nas redes as diferenças sociais são apagadas. A democracia radical não é um serviço universal de atenção ou atendimento ao cliente. Se pararmos para pensar, ela tem um quê de loucura. Significa que aquele imbecil que desfila em seu Porsche Cayenne, a mulher que solta um par de *pitbulls* em um parque cheio de crianças ou o pessoal da periferia que dá rolê no *shopping center* têm o mesmo direito de intervir na vida pública que você. A esquerda histórica soube processar essa ideia escandalosa para torná-la factível e desejável para a maioria. Não acho que esse projeto possa ser recuperado por inteiro, mas, certamente, temos de substituí-lo por programas antielitistas ambiciosos que, além disso, encarem o beco sem saída sociológico da esquerda: a busca de uma estrutura consistente e viável de compromisso com os outros que seja compatível com a autonomia individual e a realização pessoal.

Em resumo, acredito que as sociedades complexas e ilustradas dispõem das matérias-primas necessárias para enfrentar o desafio da democratização, da igualdade, da liberdade e da solidariedade sem cair no coletivismo reacionário ou na quimera do homem novo socialista. Mas a ideologia da rede é um obstáculo intransponível nessa busca.

Nos próximos capítulos explorarei, em primeiro lugar, o ciberutopismo contemporâneo, com especial atenção a seus aspectos considerados mais avançados politicamente. Em seguida, darei um salto retrospectivo para examinar algumas questões que as propostas anticapitalistas tradicionais deixaram de atacar. O objetivo é produzir uma espécie de choque que possa desfetichizar a ideologia futurista contemporânea e fazer aflorar possibilidades passadas enterradas. Talvez daí surja algum tipo de utilidade pragmática.

No pior dos casos, acho que contrapor a utopia comunista com a ideologia da comunidade reticular ajuda a entender um pouco da natureza do vínculo social na pós-modernidade. Basicamente, penso que a internet não é um sofisticado laboratório onde estão sendo feitos experimentos com delicadas cepas de comunidade futura. É antes um zoológico em ruínas onde se conservam os velhos e surrados problemas que ainda nos afligem, embora prefiramos não vê-los.

primeira parte
a utopia digital

ciberfetichismo

O determinismo tecnológico, especialmente o marxista, não é bem visto. Sobretudo quando a tecnologia em questão é graxenta, enfumaçada, pesada e, de maneira geral, analógica. Durante muito tempo, as explicações da transformação social que levavam em conta a ciência aplicada como um fator crucial foram consideradas pouco sofisticadas e unicausais (uma coisa muito ruim, ao que parece). Hoje o determinismo tecnológico renasceu com força brutal, mas restrito às tecnologias da informação e da comunicação. Ninguém está disposto a admitir que os avanços nos motores turbo de injeção eletrônica provoquem transformações sociais relevantes – por mais que, de fato, certamente as provoquem. Em compensação, a julgar por seu impacto nos meios de comunicação, uma simples repaginação na *timeline* do Twitter é comparável a uma nova revolução neolítica. A única solução que nossos governantes nos oferecem à beira do abismo econômico em que nos encontramos é nos animarem repetindo o mantra da "economia do conhecimento", uma panaceia capaz de remediar desde o desemprego estrutural até a fome no mundo, passando pela poluição.

Na realidade, certo grau de determinismo tecnológico é não apenas plausível, mas também inevitável, pelo menos para quem considera que as ciências humanas devem se preocupar também com a investigação das causas que explicam os fenômenos sociais observáveis, e não apenas com sua interpretação literária. O que ocorre é que, tanto na sociologia como na história, utiliza-se o conceito de "causa" com muito mais liberdade que nas ciências naturais, onde é praticamente sinônimo de regularidades universais e matematizáveis.

As ciências físicas fixaram em nosso imaginário uma concepção das causas como dispositivos detonadores de efeitos que podem ser rastreados com precisão: tipicamente, um corpo que impacta outro e altera sua trajetória. Mas a história e as ciências sociais lidam com modelos causais mais do que complexos, confusos, exatamente como em nosso dia a dia, em que é simplesmente impossível estabelecer linhas de explicação exaustivas. Em nossas práticas cognitivas cotidianas, muitas vezes denominamos causas os sistemas de relações persistentes que oferecem maior resistência à mudança.

Nesse sentido amplo, as causas são, mais do que aquilo que provoca um efeito bem definido, aquilo que restringe o leque de possibilidades. Costumamos identificar as causas com a capacidade de um sistema de acontecimentos – ou aquilo que consideramos como tal – resistir às transformações. Por exemplo, ao dizer que a educação de uma pessoa influencia em muito sua forma de ser, não identificamos uma cadeia causal precisa, mas assinalamos um conjunto de hábitos que os pais transmitem aos filhos e que perdura ao longo das várias fases da vida. Do mesmo modo, identificar as causas da crise econômica é apontar por que ela ocorreu apesar dos enormes esforços em contrário de uma enorme quantidade de pessoas e instituições.

A ciência aplicada é, em princípio, um lugar razoável onde se busca esse tipo de causa. A tecnologia de que dispomos condiciona nossas relações persistentes com nosso meio e nossa organização social. Além disso, a tecnologia é menos adaptável à transformação social que outros fenômenos. Embora possam ser feitas mil relativizações – e os construtivistas se especializaram nisso –, parece em princípio razoável pensar que alterar a legislação que regula as fábricas de motores a explosão é mais simples que transformar os próprios motores a explosão.

Contudo, esse tipo de atribuição causal baseada na persistência não fornece, por si só, nenhuma informação sobre a forma como a tecnologia influencia – se é que influencia – outras relações sociais, ou o faz apenas de um modo extremamente geral. Temos bastante certeza de que o nível de desenvolvimento tecnológico guarda estreita relação com algumas estruturas sociais duradouras. Por exemplo, nas sociedades de caçadores-coletores, o escravismo não teve um papel relevante. A razão disso não é o bom coração das sociedades pré-neolíticas, e sim o fato de que, em um contexto de baixo desenvolvimento tecnológico, não são produzidos excedentes significativos. Para garantir a subsistência da comunidade, é necessário que todos os seus membros trabalhem. Portanto, não havia condições de os escravos liberarem seus senhores do trabalho sem redução dos recursos naturais disponíveis.

De maneira geral, há razões para pensar que o desenvolvimento tecnológico guarda uma relação positiva com o aumento da desigualdade material ao longo da história. Mas as teses que seguem nessa linha são muito vagas, próximas do senso comum. Nos anos 1950, o economista Simon Kuznets tentou convertê-las em uma teoria sofisticada e com fundamentação empírica. Décadas de tentativas de verificação cada vez mais complexas produziram um resultado assombrosamente pobre: o desenvolvimento tecnológico é compatível com um maior nível de igualdade naquelas sociedades que estão comprometidas com a redistribuição econômica e o igualitarismo.

Uma questão muito mais concreta e completamente diferente é aquilo que se pode esperar da tecnologia em termos políticos. O avanço tecnológico foi um companheiro de viagem das esperanças utópicas modernas. Quando Lênin disse que o socialismo era os *soviets* mais a eletricidade estava expressando uma ideia profundamente arraigada, e não apenas entre a esquerda política. Nos anos 1930, Le Corbusier propôs demolir todo o centro histórico de Paris, poucas décadas depois de o barão Haussmann ter feito isso pela primeira vez. Seus argumentos eram tanto técnicos como poéticos:

> Para criar as entidades arquitetônicas orgânicas dos tempos modernos é preciso voltar a dividir o solo, libertá-lo para que fique disponível. Disponível para a realização das grandes obras da civilização da máquina[1].

Por meio de numerosas escolas e reformulações, esse ideário se infiltrou em praticamente toda a muito influente ideologia

---

1 Le Corbusier, *Aircraft*, Madrid: Abada, 1997, p. 109.

arquitetônica contemporânea. Muitos arquitetos se sentem qualificados para aplicar uma engenharia social tão ingênua quanto ineficaz, às vezes de forma amigável e bem-intencionada – adaptando-se às comunidades locais tal como as imaginam, bem acomodados em suas cadeiras Cantilever –, às vezes de forma agressiva, tentando forçar processos sociais em larga escala. Lewis Mumford resumiu muito bem os limites dessa perspectiva:

> As conquistas tecnológicas nunca são registradas automaticamente na sociedade: requerem também valiosas invenções e adaptações na política, e o hábito irreflexivo de atribuir aos aperfeiçoamentos mecânicos um papel direto como instrumentos da cultura e da civilização pede à máquina mais do que esta pode dar[2].

A posição de Marx, nesse sentido, foi bem complexa e não isenta de contradições. Como se sabe, Marx atribuiu um grande peso à tecnologia na transformação histórica. Contudo, no que diz respeito à emancipação socialista, a tecnologia desempenhava um papel puramente preparatório.

A tese marxista é, na realidade, bastante pessimista: sem avanços materiais substanciais não é possível nem sequer conceber a libertação política. Enquanto a escassez continuar prevalecendo, não haverá a menor chance para a cooperação e o altruísmo. O socialismo necessita de um contexto de fartura material. É justamente essa a oportunidade aberta pela Revolução Industrial. O capitalismo é uma espécie de janela para a emancipação que deverá ser aproveitada antes de se autodestruir. A ideia é que, a partir de certo nível de desenvolvimento das forças produtivas, tomar a decisão política de fazer um uso eficaz e igualitário da tecnologia poderia pôr fim ao enfrentamento hobbesiano e abrir um novo espaço para relações políticas cordiais. A revolução social é esse processo de decisão. No entanto, Marx não supôs que, uma vez inaugurado esse novo cenário de autonomia, a tecnologia jogaria um papel especialmente positivo no fomento das relações sociais emancipadoras ou na superação da alienação.

2 Lewis Mumford, *Técnica y civilización,* Madrid: Alianza, 2002, p. 236.

O determinismo tecnológico contemporâneo propõe exatamente o contrário de Marx. Em primeiro lugar, não considera que sejam necessárias grandes transformações políticas para maximizar a utilidade social da tecnologia. Ao contrário, a tecnologia contemporânea seria pós-política, no sentido de que superaria os mecanismos tradicionais de organização da esfera pública. Em segundo lugar, considera que a tecnologia é uma fonte automática de transformações sociais libertadoras. Por isso, mais que de determinismo tecnológico, falarei em fetichismo tecnológico ou, considerando que a maior parte dessa ideologia se desenvolve no terreno das tecnologias da comunicação, de ciberfetichismo.

A expressão "fetichismo da mercadoria" aparece em uma breve passagem no início d'*O capital*. Marx recorre a ela para explicar como, no capitalismo, a natureza de alguns processos sociais muito importantes só se evidencia por meio de seus efeitos no mercado, de modo que tendemos a conceber como relações mercantis entre bens e serviços o que na realidade são relações entre pessoas. No mercado, todos nos interpretamos mutuamente através dos bens que vendemos e compramos. É justamente isso que faz a ideologia californiana, essa ampla frente internetcêntrica com quartéis generais no Sillicon Valley. De seu ponto de vista, as relações entre os artefatos não apenas estariam plantando as bases materiais para uma reorganização social mais justa e próspera, mas produzindo de fato essas transformações sociais.

Os ciberfetichistas atribuem uma grande importância à tecnologia, mas, a julgar pelos argumentos que apresentam, sua influência seria uma emanação mágica. Os ciberfetichistas não fornecem nenhuma pista concreta sobre o modo como as mudanças tecnológicas interferem nas estruturas sociais. Por isso a maioria de suas propostas tem um caráter ou muito ideológico – às vezes explicitamente, sob a forma de manifesto –, ou muito formal, centrado em questões éticas ou legais mais que no poder efetivo e nas condições materiais que permitem exercê-lo. De fato, trinta anos atrás ninguém poderia imaginar que alguns advogados de Harvard se tornariam um referencial para os movimentos antagonistas e os cidadãos críticos de todo o mundo.

A bem da verdade, nas últimas décadas a área de direitos autorais tornou-se foco de conflitos que afetam de forma crucial a economia, as relações internacionais, o acesso aos recursos públicos e as liberdades democráticas. É uma realidade mais complexa do que os teóricos do capitalismo cognitivo dão a entender. Certamente existe uma relação conceitual entre a biopirataria da Monsanto e os *lobbies* que pressionam para impedir a entrada em domínio público dos filmes de Hollywood. Mas uma comunidade de lavradores de Kerala e um amante norte-americano do cinema clássico vivem situações extremamente diferentes, que noções como inteligência coletiva ou *general intellect* – um conceito que Marx emprega nos *Grundrisse* – absolutamente não abrangem.

É verdade, em todo caso, que até bem recentemente direitos autorais e patentes faziam parte de uma área obscura e pouco emocionante do direito mercantil. No passado, ocasionalmente chegavam aos meios de comunicação clamorosos escândalos ligados à propriedade intelectual, como a expropriação em massa de partituras musicais piratas por parte da polícia inglesa. E, evidentemente, esse tipo de questão sempre preocupou empresas e governos. De fato, a legislação e as estratégias comerciais relacionadas à propriedade intelectual desempenharam um papel destacado em algumas das batalhas nas quais se consolidou o capital monopolista e as relações internacionais do século passado.

Por exemplo, no início do século XX, quando os Estados Unidos já se transformavam na primeira potência industrial, a Alemanha continuava a ocupar uma posição hegemônica no campo estratégico da química aplicada. Em 1912, 98% das patentes no campo da química concedidas nos Estados Unidos correspondiam a empresas alemãs. As coisas mudaram durante a Primeira Guerra Mundial. Segundo o relato de David Noble:

> A guerra, com sua demanda sem precedentes de explosivos orgânicos e, portanto, de uma indústria nacional independente da Alemanha, alterou essa situação de forma espetacular. O governo americano [...] se apropriou de todas as patentes de propriedade alemã. [...] foi criada uma fundação privada para administrar

as patentes em regime especial e conceder licenças a empresas americanas, sem direitos exclusivos[3].

Entre 1917 e 1926 foram concedidas a companhias norte-americanas mais de setecentas patentes confiscadas, o que aumentou o poder das empresas em uma posição predominante. Entre as companhias que mais se beneficiaram das patentes expropriadas estão DuPont, Kodak, Union Carbide, General Chemical e Bakelite.

Mas, apesar de sua importância, esses processos nunca haviam tido o impacto econômico e, principalmente, a visibilidade pública e a centralidade política que alcançaram hoje em dia. Há apenas alguns anos, teria parecido absurda a ideia de que uma grande operação do FBI, contra a empresa neozelandesa de um excêntrico milionário alemão acusado de delitos contra a propriedade intelectual, chegaria à capa dos jornais de meio mundo e preocuparia sinceramente milhares de pessoas.

Alguns dos tecnólogos mais influentes do nosso tempo dedicam-se a questões ligadas à propriedade intelectual. Os problemas legais são o eixo do debate técnico-científico contemporâneo, suplantando o interesse pelos efeitos da tecnologia na estrutura social, nas relações de poder ou sobre nossa identidade pessoal. Nesse contexto, as vozes mais populares e veementes se alinharam com o conhecimento livre contra a indústria do *copyright*.

O mundo corporativo perdeu a guerra da opinião pública. Julian Assange foi capa da revista *Rolling Stone*; Lawrence Lessig apareceu na série *Nos Bastidores do Poder*; Justin Timberlake encarna Sean Parker em *A rede social*; Linus Torvalds, além de inspirar personagens de superproduções de Hollywood, ainda emprestou seu nome a um meteorito, e Richard Stallman se tornou um ícone da contracultura. Os frutos que a indústria colheu em termos de imagem são notavelmente mais pobres. No longa *South Park,* Bill Gates é executado por um general depois que seu computador equipado com o Windows 98 trava, e em um capítulo

---

3 David Noble, *El diseño de América*, Madrid: Ministerio de Trabajo, 1987, p. 47.

recente da série homônima, Steve Jobs apareceu retratado como um Mengele da era digital.

As batalhas do *copyright* estão se infiltrando nos debates dos movimentos sociais no mundo analógico. Por exemplo, um dos fatores desencadeadores do 15M[4] na Espanha foi a campanha contra a chamada Lei Sinde, que pretendia limitar o *download* de material com direitos protegidos na internet. A reflexão sobre os bens comuns e sua relação com o mercado remonta, no mínimo, aos escritos do jovem Marx na *Rheinische Zeitung* sobre a legislação contra o roubo de lenha. Mas só recentemente começou a desempenhar um papel crucial nas explicações das dinâmicas centrais do capitalismo e em suas alternativas. As iniciativas *copyleft*, ou direito de cópia, chamaram a atenção sobre os processos de expropriação dos bens comuns como uma característica sistêmica das economias contemporâneas, e não apenas da fase heroica do industrialismo.

Acho que não é exagerado afirmar que os movimentos favoráveis ao conhecimento livre estão em parte modulando as estratégias da esquerda voltadas a frear a contrarrevolução neoliberal. Isso não deixa de ser paradoxal, porque muitas dessas iniciativas ligadas à propriedade intelectual têm pouca afinidade com os programas de emancipação política. Alguns de seus protagonistas, de fato, sentem-se muito à vontade em um ambiente mercantilizado e classista.

O que leva muitos ativistas a se interessarem pelas *copywars* é o fato de constituírem um terreno no qual parecem se condensar alguns dos problemas que os anticapitalistas vêm diagnosticando há dois séculos. Vivemos em um sistema econômico profundamente paradoxal, que desenvolve incríveis possibilidades tecnológicas e sociais das quais muitas vezes é incapaz de tirar proveito. A sociedade moderna se especializou em criar problemas de proporções desastrosas a partir do que, pelo menos intuitivamente, deveriam ser soluções. O desenvolvimento tecnológico gera desemprego ou superocupação, em vez de tempo livre; o aumento da produtividade

---

4 Referência às manifestações ocorridas em 15 de maio de 2011, em Madri e outras cidades, e ao movimento anticorrupção Indignados. [N.E.]

produz crises de superacumulação, em vez de fartura; os meios de comunicação de massa alienação, em vez de ilustração...

No campo dos direitos autorais, salta aos olhos tanto a tendência das sociedades contemporâneas a privatizar os lucros e socializar os prejuízos quanto sua dificuldade para lidar com um contexto de fartura material cuja distribuição não seja mercantilizada. Muita gente sente uma razoável vertigem em face da ideia de acabar, por exemplo, com o mercado de trabalho. Consideram que existe algo na natureza das coisas e das pessoas que faz com que as relações competitivas no mercado sejam uma forma inevitável, ou até desejável, de divisão do trabalho em uma sociedade complexa.

Do ponto de vista da economia padrão, em uma sociedade mercantilizada, há uma conexão causal – e não apenas moral – entre a busca do lucro individual e a organização do fornecimento de boa parte dos bens e serviços. Se o padeiro não ganhasse dinheiro vendendo seu pão, não teria nenhuma motivação para nos atender a cada manhã, tampouco o fabricante de farinha para fornecê-la, nem o agricultor para cultivar o trigo. Além disso, o padeiro teria grandes dificuldades para saber quanto pão e de que tipo deveria fazer e, portanto, quanta farinha precisaria comprar, e assim por diante.

No caso da propriedade intelectual contemporânea, as bondades organizadoras do mercado em um contexto de fartura digital tornam-se muito mais obscuras. Há quem acredite que os roqueiros, se não contassem com a remotíssima chance de se tornarem em multimilionários, queimariam seus violões em uma pira. É mais ou menos a mesma coisa que pensar que, se desaparecesse a loteria tradicional, nos atiraríamos nos abismos do desespero diante da perspectiva de uma vida condenada à mediocridade material. Mas, independentemente de se o mercado é ou não um estímulo à criação, é inegável que a única barreira para que um arquivo digital já concluído e imperecível seja infinitamente distribuído a um custo próximo de zero é social, não material. É algo que não ocorre com a maior parte dos bens e serviços produzidos no mercado.

Com os bens digitais, a relação entre oferta e demanda é muito mais complexa do que em um contexto mercantil padrão. Por um lado, é certo que só a produção passada é abundante: a presente e a futura continuam sendo escassas e onerosas. Há criadores que esperam receber retribuição ou financiamento e não querem ou não podem oferecer seus produtos em outras condições. Mas, por outro lado, em um contexto de potencial fartura, isto é, quando o preço não é uma barreira para distribuir um bem já criado, florescem as estruturas simbólicas que transformam a conexão entre o que as pessoas esperam e o que os criadores podem e desejam oferecer. Os fatores estéticos, afetivos ou políticos atravessam a relação entre oferta e demanda com uma intensidade impensável no mercado. Afetam a motivação dos criadores e os levam a encarar projetos que não empreenderiam, gratuitamente ou mesmo cobrando, em um contexto mercantil habitual. Da perspectiva econômica convencional, dedicar enorme esforço e tempo a, por exemplo, legendar anônima e gratuitamente uma obscura série de animação japonesa é pouco menos que irracional.

Por isso, as questões de direito autoral também têm uma dimensão propositiva. Em primeiro lugar, muitas pessoas percebem que nas guerras do *copyright* está em jogo o germe de uma alternativa ao beco sem saída keynesiano dos anos 1970. Quer dizer, haveria aí uma terceira via ao dilema entre a burocracia estatal e a privatização. Os projetos críticos em relação à indústria do *copyright* muitas vezes desenvolvem novas estratégias cooperativas. São muitas as iniciativas com forte dimensão altruísta que necessitam de um baixo nível de centralização e fomentam processos de coordenação emergente. Muitas delas, por outro lado, não têm objetivos comerciais nem contam com a participação de instituições formais.

Em segundo lugar, tem-se a impressão de que o debate do direito autoral se desenvolve em um terreno ecumênico especialmente propício para que a esquerda supere suas próprias limitações organizativas. Os conflitos da propriedade intelectual parecem gerar consenso entre pessoas provindas de tradições ideológicas muito diversas. Mas, ao mesmo tempo, os pontos de concordância – desmercantilização, altruísmo, reciprocidade – têm um forte ar de família com o programa da esquerda clássica.

Pelo menos desde o *Manifesto comunista,* de 1848, o anticapitalismo aspira à universalidade. O programa socialista era o da classe trabalhadora, mas só como porta-voz de aspirações humanas básicas. Com os movimentos cooperativos da internet, a esquerda parece reencontrar-se com uma versão *cool* e tecnologicamente avançada de sua própria tradição universalista. A autoconsciência da libertação poderiam ser hoje os *sans-iPhone* que participam de projetos cooperativos digitais como vanguarda ilustrada e comprometida de interesses gerais. Pela primeira vez em muito tempo, os ativistas compartilham argumentos e projetos com pessoas estranhas à sua tradição organizativa e até com opiniões antagônicas. Jimbo Wales, o fundador da Wikipédia, é um anarcoliberal que cita Friedrich Hayek com frequência e desenvoltura, assim como o famoso *hacker* Erik S. Raymond. A razão de fundo é que se generalizou uma compreensão da internet como a realização mais acabada do ideal de ação comunicativa habermasiano: indivíduos livres interagindo sem lastros analógicos, de modo que sua racionalidade comum possa emergir sem restrições.

Penso que ambas as ideias são equivocadas na base. O *copyright* é um terreno de luta política, sem dúvida, mas não proporciona uma solução automática aos dilemas práticos herdados. Mais do que isso, eles se reproduzem em um terreno, as redes de comunicações, onde um misto de utopismo e fetichismo tende a torná-los invisíveis.

As experiências de desenvolvimento social baseadas em alguma inovação tecnológica se estilhaçaram repetidamente contra a necessidade de superar restrições procedentes tanto do mercado como da ação do Estado. Um caso destacado é o projeto de fabricação de um computador de cem dólares, concebido por Nicholas Negroponte, cujos resultados foram muito limitados por uma paradigmática combinação de obstáculos comerciais e institucionais. A iniciativa, conhecida como One Laptop Per Child (OLPC), tinha como objetivo produzir em grande escala computadores portáteis a baixo custo, especificamente projetados para ser utilizados por crianças de países pobres.

Os preparativos foram bem-sucedidos. Em termos gerais, a prototipagem teve boa acolhida entre os especialistas. Os problemas começaram na hora de fabricar o computador. Negroponte encontrou em Xangai um fabricante disposto a produzir máquinas com preço final de cem dólares. Essa empresa realizou investimentos com base no número de pedidos esperados: cerca de sete milhões no primeiro ano. Contudo, as encomendas mal chegaram a um milhão de aparelhos. O fabricante arcou com os custos de amortização dos computadores produzidos, o que aumentou em muito seu preço. Por outro lado, o OLPC não encontrou canais institucionais confiáveis – governos e organizações educacionais – que adquirissem e distribuíssem os computadores através dos programas públicos apropriados.

Em suma, era materialmente possível fabricar o computador de cem dólares, mas não dentro das estruturas comerciais habituais. De fato, muitos reconhecem que o *boom* dos *netbooks* e dos *tablets* é uma consequência direta do projeto OLPC, que revelou um nicho de mercado despercebido até então. Os fabricantes de *netbooks* simplesmente eliminaram do projeto qualquer consideração social e educacional e interpretaram em termos estritamente comerciais a ideia de criar um computador pouco potente, mas pequeno, barato e com muita autonomia. Por outro lado, logo ficou claro que o projeto OLPC só poderia ser implementado com facilidade em países ricos com sistemas educacionais consolidados, onde não era realmente necessário, ou nos poucos países pobres que contam com uma firme estrutura institucional. Não por acaso um dos poucos lugares onde o OLPC teve impacto sensível foi o Uruguai, um país com governo de esquerda e uma das tradições educacionais mais sólidas da região, com taxas de alfabetização próximas de 100%.

Do mesmo modo, a concepção predominante da internet como uma plataforma privilegiada para a ampliação da democracia, da participação e da cooperação confrontou-se reiteradas vezes com a realidade. Os meios de comunicação e os especialistas em telecomunicações estão dispostos a distorcer os fatos tanto quanto necessário a fim de reduzir qualquer movimento político que se oponha ao subproduto das tecnologias da comunicação. A verdade é que o livre acesso à internet não só não conduz imediatamente à crítica política e à intervenção da cidadania como, em todo caso, enfraquece ambas.

Em um estudo exaustivo, Evgeny Morozov analisa, entre muitos outros, o caso do Psiphon, um aplicativo *copyleft* desenvolvido pelo Citizen Lab, da Universidade de Toronto, para facilitar o acesso anônimo à internet por cidadãos de países onde existe censura[5]. O Psiphon transforma o computador dos usuários colaboradores dos países livres de censura em um servidor *proxy* ao qual se conectam outros usuários que vivem em países cujas comunicações são vigiadas pelo governo. Entre o servidor do Psiphon e o cliente se estabelece uma conexão segura e encriptada, que não pode ser interceptada. Quer dizer, não é uma solução centralizada contra a censura, mas uma rede distribuída, colaborativa e *copyleft*. Parece a realização da utopia cibernética. Contudo, os colaboradores ocidentais do Psiphon se deram conta de que uma grande quantidade de pessoas que, na China e em outros países com censura, solicitavam acesso ao Psiphon, dedicavam-se a procurar pornografia e fofocas sobre celebridades, em vez de baixar o relatório da Anistia Internacional. Talvez a internet seja a realização da esfera pública, mas então deveremos aceitar que o objetivo da sociedade civil é o pornô amador e os vídeos de gatos. Isso não é anedótico. As provas empíricas indicam, sistematicamente, que a internet limita a cooperação e a crítica política, não as promove.

* * *

Há algum tempo, a revista satírica *The Onion* publicou a seguinte manchete: "As drogas ganham a guerra contra as drogas". Algo semelhante acontece com as tentativas da indústria do *copyright* de manter seu poder monopolista. A World Wide War em curso, desde o fechamento do Napster até o do Megaupload, explicitou radicalmente um problema econômico clássico, tanto para o materialismo histórico como para as teorias da destruição criativa que remontam a Joseph Schumpeter. A economia capitalista mantém uma relação paradoxal com o desenvolvimento tecnológico. A inovação é uma fonte crucial de lucro, mas, ao mesmo tempo, tem efeitos destrutivos sobre as fontes consolidadas de mais-valia.

---

5 Evgeny Morozov, *The Net Delusion,* New York: Public Affairs, 2011, p. 71.

A revolução digital é um exemplo paradigmático. Ela teve, basicamente, duas consequências irreconciliáveis. Por um lado, a liberação das matrizes transformou os produtos artísticos e culturais em bens públicos, no sentido que os economistas dão à expressão. Por outro, a digitalização aumentou a possibilidade de lucrar com a propriedade intelectual a um custo muito baixo. A partir de certo limite, o *copyright* é fonte de lucros especulativos, com uma relação remota com a produção real.

Os bens públicos não são necessariamente aqueles fornecidos pelo Estado. O que os caracteriza é o fato de seus novos usuários não interferirem no usufruto dos antigos (em economês, são "não rivais"). Outra característica muito importante é não ser possível limitar seu uso por meio de mecanismos de mercado (são "não excludentes"). Qualquer pessoa pode usufruir deles, independentemente de ter contribuído ou não para sua produção e, consequentemente, seus custos não podem ser compartilhados ao determinar seu preço.

Os bens públicos e a propriedade intelectual sempre se mantiveram em um equilíbrio instável. As transmissões de rádio e televisão analógicas eram bens públicos fornecidos por entidades estatais ou privadas. Não havia como limitar seu acesso tecnicamente; qualquer pessoa com um receptor podia sintonizá-las sem limite. Por outro lado, era impossível ou muito difícil fazer os usuários pagarem por seu consumo. A apresentação de um músico de rua tem as mesmas características: qualquer transeunte pode usufruir dela, e o artista não pode limitar o acesso a suas criações cobrando ingresso.

No entanto, existem outros produtos com direito autoral protegido que apresentam características muito diferentes. Os discos e livros analógicos são tipicamente rivais e excludentes. Se eu estou lendo um exemplar de *Os irmãos Karamázov*, é difícil que você possa usar o mesmo volume ao mesmo tempo. E para conseguir esse exemplar devemos passar por uma loja, que limita sua acessibilidade mediante um preço (ou uma biblioteca, mas esse é outro assunto). Mas, mesmo nesses casos, a propriedade intelectual implica grandes dilemas. Uma gravação em suporte analógico ou um romance impresso não são bens públicos, mas que dizer de um poema ou de uma melodia que pessoas com as habilidades necessárias podem decorar e repetir?

Não existe uma resposta simples para essas perguntas. A produção imaterial sempre foi um terreno movediço, em que é complicado estabelecer fronteiras exatas. Por isso, na legislação sobre propriedade intelectual há muitas convenções com forte ar de artificialidade. O que dava sentido a essas normativas e as tornava mais ou menos aceitáveis era seu objetivo, este sim, muito mais intuitivo. Tentavam estabelecer um sistema de contrapesos legais que equilibrasse os interesses dos autores, dos mediadores e do público. Isso implicava, fundamentalmente, a concessão de certa capacidade de monopólio a autores e produtores. Mas era um monopólio limitado e condicionado ao interesse geral.

A configuração dos regimes que regulam a propriedade intelectual no Ocidente foi marcada pela decisão de delegar ao mercado uma parte substancial da tarefa de produzir e difundir os bens imateriais, assim como de remunerar aos autores. O resultado é ambíguo. De fato, ao menos quantitativamente, a produção cultural do último século é imensa. O custo disso foi não apenas sua mercantilização, mas também um viés bem conhecido de classe, gênero e etnia. Por exemplo, o mundo vive há décadas uma avassaladora hegemonia cultural anglo-saxã. Isso sem falar nos filtros ideológicos na difusão da informação.

A opção pelo mercado teve muito mais que ver com a proteção da mediação e da difusão privadas – isto é, com um compromisso com a indústria do *copyright* – do que com a busca de um incentivo à criação. Foi uma escolha deliberada, quando havia outras opções razoáveis. Afinal, historicamente o mecenato não mercantil já deu resultados nada desprezíveis: o ciclo de tragédias clássicas gregas ou as obras de arte renascentistas, para citar apenas dois casos.

Além disso, atualmente, o mercado cultural não é hegemônico. A música culta, por exemplo, quase sempre foi promovida por organizações com objetivos não comerciais. No campo editorial, muitas instituições sem fins lucrativos fomentaram a publicação de gêneros considerados valiosos, mas que não têm boa acolhida comercial, como o ensaio ou a poesia. Em alguns países, as televisões públicas foram financiadas com impostos diretos cobrados dos usuários. Alguns museus obtêm recursos de doações voluntárias e, de modo muito similar, os músicos de rua passam o chapéu entre os transeuntes... É verossímil pensar que poderia ter sido desenvolvido um sistema de produção, difusão e remuneração cultural em que o mercado desempenhasse um papel marginal ou, pelo menos, não central. Um exemplo dessa linha de desenvolvimento é o da ciência de base, amparada por uma ampla gama de instituições públicas e privadas: universidades, centros de pesquisa, Forças Armadas, fundações, empresas...

Em todo caso, o sistema de remuneração tradicional da criação de música ou cinema, baseado na venda e exploração das cópias, desmoronou com os processos de digitalização e a popularização da internet. O desenvolvimento de dispositivos eletrônicos de leitura prenuncia um futuro parecido para a indústria editorial e a imprensa escrita. Ainda persistem as formas de remuneração ligadas àqueles criadores capazes de evitar, pelo menos durante algum tempo, que suas produções se transformem em bens públicos através do controle do *hardware*, ou equipamento. É o caso dos jogos, ou *videogames*, e das apresentações ao vivo. Outros modelos de financiamento teoricamente possíveis, baseados na microdoação voluntária, por exemplo, são hoje muito minoritários.

Paradoxalmente, a crise do sistema tradicional de difusão e remuneração da propriedade intelectual se desenvolveu em paralelo a um aumento exponencial dos lucros obtidos pela indústria do *copyright* e de seu impacto nos países centrais da economia mundial. Nas últimas décadas, a propriedade intelectual tornou-se uma peça-chave da economia capitalista[6]. As três indústrias que mais divisas geram para os Estados Unidos – química, do entretenimento e do *software* – baseiam-se em algum tipo de proteção ou propriedade intelectual. Em geral, salienta-se a relação da propriedade intelectual com a inovação tecnológica e suas consequências no crescimento econômico. Quase nunca, porém, observa-se a relação orgânica entre direito autoral e a capacidade para obter lucros não produtivos. As mesmas tecnologias que transformam algumas formas de

---

6 Igor Sádaba, *Propriedad intelectual. ¿Bienes públicos o mercancías privadas?*, Madrid: Catarata, 2008, pp. 57 ss.

propriedade intelectual em bem público também a convertem em uma fonte de ganhos especulativos.

Na versão canônica e respeitável do capitalismo, os produtos financeiros são pensados para antecipar futuras iniciativas produtivas e dar liquidez à economia. O direito ao monopólio da propriedade intelectual por parte de autores e difusores tem uma legitimidade análoga. Garante que um investimento criativo – em termos de esforço, tempo, talento e dinheiro – não seja dilapidado por atividades parasitárias. Em ambos os casos, faz tempo que a realidade das economias ocidentais inverteu os termos iniciais do contrato social econômico. Segundo o Banco de Compensações Internacionais, o volume total do conjunto de transações financeiras representava, em 2007, setenta vezes o valor do PIB mundial. A atividade especulativa é a principal fonte de lucros no capitalismo ocidental contemporâneo e, do mesmo modo, o direito ao monopólio do *copyright* se desvinculou de seus objetivos originais para se transformar em um fim em si mesmo.

Obviamente não se romperam todos os laços entre as finanças e a economia real. Goldman Sachs, por exemplo, obtém lucros estratosféricos especulando nos mercados de *commodities*. Esses investimentos são possíveis porque existe uma agroindústria em grande escala, com sua correspondente demanda. De modo análogo, a criação intelectual bem-sucedida é um elemento necessário da indústria do *copyright* na era digital. No momento, não existem mercados culturais secundários (embora David Bowie, em 1997, tenha convertido os direitos autorais de suas músicas em ações da bolsa de valores). Mas a fonte real de lucros baseados em direitos de autor é a capacidade – tecnológica, comercial e cultural – de vender mercadorias, cujo custo marginal, a partir de certo limite, tende a zero. Os grandes monopolistas da propriedade intelectual podem obter lucros quase sem gastos produtivos vinculados. Assim como os especuladores, a indústria do *copyright* tem em seus quartéis-generais uma fábrica de papel-moeda. O preço desse privilégio é arcado por todos.

Algumas das razões para tolerarmos essa estranha situação são ideológicas. Tendemos a considerar o capitalismo financeiro extremo e as práticas mais especulativas da indústria do *copyright* como aberrações que se destacam sobre a normalidade legítima da sociedade do conhecimento. Muitíssima gente – incluindo não poucos cientistas sociais heterodoxos – está convencida de que, nas economias atuais, a criação de valor se baseia nas práticas cognitivas imateriais e que isso pressupõe uma significativa ruptura em relação a qualquer situação passada.

As próprias noções de trabalho imaterial e economia do conhecimento são confusas. Agrupam sob um mesmo rótulo processos muito heterogêneos. É possível que o desenvolvimento de *software* demande grandes habilidades criativas – ainda que não necessariamente mais do que a engenharia do início do século XX, por exemplo. Em compensação, o trabalho de teleoperador, igualmente imaterial, é muito mais semelhante ao tipo de atividade típico de uma linha de montagem fordista. Na realidade, a tecnologia da comunicação, assim como o velho maquinário industrial, pode melhorar ou reduzir a qualificação dos trabalhadores. Algumas multinacionais de *fast food* utilizam terminais com símbolos e ícones para que seus empregados não precisem saber ler e escrever.

Historicamente, a dificuldade para lidar economicamente com a esquiva natureza do trabalho intelectual criativo levou a buscar soluções de compromisso que permitissem remunerá-lo e protegê-lo sem atolar em discussões estéreis sobre a natureza exata da produção cognitiva. Por exemplo, como é difícil avaliar *a priori* quais pesquisas científicas serão frutíferas, uma das maneiras adotadas para proteger a pesquisa foi vinculá-la à docência universitária. Pagamos aos professores universitários por um trabalho visível e controlável – como é o ensino – e permitimos que dediquem uma parte de seu tempo à pesquisa de um modo muito mais livre. Algo parecido acontece na economia geral. Sem dúvida, o trabalho cognitivo em sentido muito amplo tem grande importância, e sua centralidade pode explicar parcialmente a distribuição da riqueza nas economias contemporâneas. Mas é muito menos evidente em que sentido ele gera essas riquezas, para além do fato banal de que, às vezes, é preciso inventar e pesquisar para lançar novos produtos competitivos.

A localização geográfica do trabalho imaterial muito qualificado explica por que o dinheiro provindo das vendas de *iPads* se concentra em algumas empresas californianas e não fica nas fábricas chinesas onde os aparelhos são montados. Contudo, de outro ponto de vista, essa importância do conhecimento em alguns dos negócios mais suculentos teve como condição um processo antagônico. Nas últimas décadas o trabalho manufatureiro clássico não qualificado não diminuiu, e sim aumentou muito em escala global. Isso explica, por exemplo, o fato de poderem ser produzidos *iPads* a baixo preço e, consequentemente, vender em grande escala. Nas palavras de Erik S. Reinert:

> Os países especializados na produção de novas tecnologias experimentam em geral efeitos muito diferentes dos países consumidores ou dos que fornecem as matérias-primas necessárias para essa mesma tecnologia [...] A tecnologia da informação produz resultados muito diferentes no quartel-general da Microsoft, em Seattle, e na indústria hoteleira. No negócio hoteleiro, assim como no negócio editorial, o uso da tecnologia da informação provocou em toda a Europa a queda das margens de lucro e aumentou as pressões para o rebaixamento dos salários[7].

Por outro lado, não é possível estabelecer uma distinção clara entre o trabalho imaterial criativo e o parasitário, próximo das práticas especulativas. Certamente teremos, em um extremo, a invenção de uma vacina para uma doença incurável e, no outro, a biopirataria, mas entre um e outro se estende um amplo repertório de práticas ambíguas, como o desenvolvimento de tecnologias com restrições de acesso muito agressivas.

Dito de outro modo, não é possível dissociar a centralidade do conhecimento nas cadeias de valor contemporâneas da divisão do trabalho em um ambiente de competição internacional. A desigualdade global não é uma consequência endógena da relação entre tecnociência e economia de mercado. O que determina quem ganha o que na economia cognitiva global é a luta de classes, não uma avaliação às cegas na revista *Nature*. Os teóricos da sociedade do conhecimento transmitem a impressão de que analisam uma

---

7 Erik S. Reinert, *La globalización de la pobreza*, Barcelona: Crítica, 2007, p. 188.

espécie de tendência natural das sociedades capitalistas mais bem-
-sucedidas para a imaterialidade angelical. Na realidade, trata-se de
uma descrição enviesada da estratégia política, econômica e até militar que os países centrais da economia mundial desenvolveram para
subjugar sua periferia.

Desde os anos 1970, os países ricos tentaram, simultaneamente, monopolizar os processos produtivos de maior valor agregado
e aumentar seus lucros especulativos. A proteção da propriedade
intelectual conjuga legalmente ambas as dinâmicas. As indústrias
que geram maiores ganhos dependem de algum tipo de proteção
da propriedade intelectual, e os governos sentem-se muito pre-
dispostos a proporcionar essa cobertura legal. Ao mesmo tempo,
tais empresas utilizam sistematicamente essa posição de predo-
minância tecnológica com fins especulativos. A Monsanto dispõe
da tecnologia e dos recursos para fazer pesquisa biológica e, por
isso, usa a proteção dessa pesquisa como cobertura para sua biopirataria. Hollywood tem a capacidade de inundar o mundo com
seus produtos e, por isso, tenta evitar a entrada dos seus filmes
em domínio público. A Microsoft ou a Apple (ou, em menor escala,
Oracle ou Adobe) conquistaram uma posição monopolista que lhes
permite cobrar preços usurários por seus produtos. Em 2013, noti-
ciou-se que, para um australiano, era mais barato viajar até os Estados Unidos e comprar ali a versão CS6 do programa Photoshop do
que adquiri-la diretamente na Austrália.

Nos tratados internacionais que associamos à globalização neoliberal, a propriedade intelectual foi ganhando peso. Não é um simples
reconhecimento do auge da economia cognitiva, e sim uma alavanca
legal para impulsionar os lucros especulativos, ou seja, aqueles que permitiram aos países ocidentais manter uma posição de centralidade econômica em um cenário geopolítico cada vez mais desfavorável para eles.

Há um paralelismo inquietante entre a evolução da economia do *copyright* e a do capitalismo financeiro nas últimas décadas.
Historicamente, o auge das práticas especulativas esteve muitas
vezes associado a ciclos terminais de queda das margens de lucro. Dito de outro modo, a economia financeira entra em jogo em
massa quando a produção real perde peso como fonte de ganho.

A desregulação econômica contemporânea tem origem nas políticas que, desde meados dos anos 1970, desenvolveram as elites econômicas ocidentais com o objetivo de paliar suas crescentes dificuldades para manter os níveis de ganhos que tinham até então. O desaparecimento das oportunidades de fazer dinheiro na arena produtiva da forma ortodoxa fez com que outras práticas empresariais perigosas e potencialmente destrutivas – como os mercados secundários ou a especulação monetária – sejam muito mais atraentes para governos e investidores.

De modo análogo, a revolução digital transformou a especulação com a propriedade intelectual em um negócio muito rentável justamente quando os lucros empresariais deixaram de ser o resultado imediato da produção de conteúdos culturais. Hoje, todo mundo concorda que os suportes digitais eram uma bomba-relógio para a indústria do *copyright*. Uma vez que se oferece aos usuários acesso à matriz de um conteúdo, é só uma questão de tempo para começar a ser difundida por canais não oficiais, mercantis (como na venda de DVDs piratas nas ruas) ou não (como nas plataformas P2P). Contudo, os primeiros suportes digitais a serem vendidos em grande escala, os CDs, pareciam a galinha dos ovos de ouro. Permitiram à indústria do *copyright* vender mercadorias muito mais baratas de produzir, por um preço até 300% mais alto que os antigos vinis e fitas cassete. Muitos dos produtos mais rentáveis estavam baseados em repertórios já amortizados. De repente, podia-se conseguir que pessoas que já haviam comprado os vinis de Elvis ou Dylan voltassem a adquirir o mesmo produto em CD a um preço disparatadamente mais alto.

Logo essas práticas especulativas se espalharam por todo o sistema econômico, embutindo-se em outras atividades: desde a tevê paga até a venda de *software,* passando pelos operadores de telefonia. Não é anedótico que entidades de gestão de direitos de autor como a SGAE espanhola tenham protagonizado sonoros escândalos ligados a sua incursão na especulação imobiliária[8].

---

8 David Aristegui, "Un ministerio de cultura en la sombra", em VV.AA., *CT o la Cutura de la Transición,* Madrid: Debolsillo, 2012, pp. 57 ss. "Capitalismo de casino y derechos de autor". Disponível em: <http://info.nodo50.org/Capitalismo-de-casino-y-derechos.html>. Acesso em: 31 maio 2016.

Algo parecido também aconteceu com a SIAE italiana, que foi muito afetada pela quebra do banco Lehman Brothers.

Um segundo modelo de exploração comercial bem-sucedida da propriedade intelectual digitalizada por meio de sua financeirização é o das plataformas de distribuição, como Google, App Store, Amazon ou eBay. O segredo dessas empresas é o tamanho. Por meio da extrema concentração, essas companhias são capazes de extrair grandes somas a partir da acumulação de lucros infinitesimais. Não há, em princípio, nada ilegítimo nisso. Mas as dimensões dessas companhias conferem-lhes uma capacidade de influência desproporcional, que altera a oferta e a demanda culturais. Mais do que meros mediadores neutros, elas transformam as expectativas de consumidores e produtores. Por isso, há um forte paralelismo entre essas práticas e a especulação monetária, em que o enorme volume do dinheiro investido é determinante.

Essa evolução afetou dramaticamente os conteúdos preferenciais lançados pela indústria do *copyright* contemporânea. O modelo especulativo de exploração do ambiente digital premia a concentração e a comercialização extrema baseada na publicidade e penaliza as atividades produtivas de ritmo mais lento. A Apple fez do *marketing* uma arte. A história da alienação tem um marco destacado nas imagens de pessoas fazendo fila na frente das Apple Stores para serem as primeiras a adquirir um produto que poderão comprar sem nenhum problema apenas alguns dias depois e que milhões terão em poucos meses (em 2011, houve graves distúrbios nos Estados Unidos diante de várias lojas que puseram à venda uma reedição dos tênis Air Jordan 11 Retro Concord, da marca Nike, mas nesse caso, pelo menos, se tratava de uma edição limitada). A Microsoft e a Google desenvolveram estratégias de concentração e hegemonia de fazer inveja à Coca-Cola e ao McDonald's, a tal ponto que vários organismos oficiais pouco suspeitos de simpatias comunistas, como a Comissão Europeia, as questionaram repetidas vezes.

O que o *marketing* tem de mau? A publicidade afeta de forma diferente os diversos produtos. Há bens e serviços que não conseguem sobreviver ao turboconsumo típico das nossas sociedades. Os publicitários provaram que é possível promover com sucesso algumas mercadorias que em princípio não pareciam muito atraentes: automóveis híbridos e até bicicletas em vez de carros esporte ou 4x4. Contudo, há certos limites impossíveis de superar, porque têm relação com as condições que dão sentido a certo tipo de criação. Um exemplo analógico óbvio, embora pouco espetacular, é a transformação recente do negócio editorial. Embora seja difícil generalizar, o trabalho das editoras tradicionais – inclusive daquelas que obtinham lucros enormes – tinha uma índole bastante artesanal. Sempre existiram os *best-sellers* fugazes, mas as editoras também dedicavam um grande esforço à criação de públicos ligados a autores e gêneros sólidos. Por outro lado, tampouco se desprezava a produção de obras com vendas moderadas, mas muito sustentadas no tempo, como livros de ensaios ou textos acadêmicos.

Hoje a indústria do livro está plenamente integrada à economia de cassino. Os chefes comerciais tomaram o espaço antes ocupado pelos diretores editoriais. O objetivo da maioria das grandes editoras, que passaram por um notável processo de concentração, é conseguir supervendas que gerem lucros significativos a curtíssimo prazo. Para isso, apostam em lançar grandes quantidades de autores e títulos, dos quais logo se desfazem se não conseguem resultados imediatos. O *marketing* desempenha um papel fundamental nesse processo. E aqueles livros que são, praticamente, impossíveis de conseguir alto impacto em um prazo breve, como as obras de poesia, são desprezados pela indústria.

Essa dinâmica não afeta apenas a oferta de livros disponíveis. Também transformou, profundamente, o sentido do que significa ler. Até os anos 1950 ou 1960, o cânone literário nacional de qualquer país era formado essencialmente por poetas e ensaístas. Hoje são os romancistas, e não exatamente os mais ousados, que ocupam essa posição central. Não se trata de elitismo. De fato, sou um ávido leitor de ficção científica e romances policiais e não acredito que um mundo sem Artaud ou Gadamer seja indigno de ser vivido. Mas as diversas estratégias comerciais têm um efeito de *feedback* crucial sobre o conjunto de práticas ligadas à leitura e à escrita em nossa cultura.

É verdade, porém, que no caso da música popular contemporânea houve uma notável compensação no barateamento das gravações e na democratização dos canais de distribuição, comunicação e divulgação. Mas mais do que um novo modelo produtivo, trata-se de uma generalização e uma atualização das redes de produção não comerciais e não profissionalizadas. Embora quase nunca se fale disso, até certo ponto eram dinâmicas que já existiam. Por exemplo, os amantes do *hardcore* desenvolveram uma rede minoritária, mas muito sólida, de distribuidoras, grupos, público e fanzines absolutamente à margem da indústria. Mesmo bandas de grande impacto internacional, como Fugazi, impuseram limites contratuais ao preço dos ingressos que os produtores de seus *shows* podiam cobrar.

Outro bom exemplo de práticas cooperativas analógicas foi a cena Northern Soul. No fim dos anos 1960, no norte da Inglaterra, quando surgiram grupos de amantes do *soul* que dedicavam os fins de semana a visitar os clubes onde essa música era tocada. Eram jovens da classe operária que chegavam a percorrer grandes distâncias para participar de festas temáticas. Depois de algum tempo, os grandes clássicos do *soul* começaram a soar repetitivos, mas, por outro lado, não estavam interessados nas novidades que a indústria fonográfica oferecia. A solução que encontraram foi revirar os catálogos de pequenas gravadoras norte-americanas especializadas em *soul* em busca de discos que não tiveram sucesso comercial. Na época heroica do Northern Soul foram importadas grandes quantidades de *singles* que haviam passado em brancas nuvens pelo mercado norte-americano, mas que os aficionados ingleses do gênero apreciavam muito. O Northern Soul é uma cena única, porque praticamente não produziu música própria, mas se alimentou dos milhares de vinis abandonados pela indústria em sua consumista fuga para a frente.

Tanto no caso do *hardcore* como no do Northern Soul, a distribuição não comercial ou sem fins lucrativos baseava-se em comunidades muito compactas. Hoje, essa difusão é teoricamente possível sem depender de uma cena local. Pode-se chegar a usuários atomizados espalhados por todo o mundo. A realidade é que a rede não criou nenhuma comunidade virtual semelhante, sendo antes parasitária de cenas convencionais já existentes.

É preciso muita ingenuidade para pensar que esses modelos desprofissionalizados podem ser aplicados de modo ilimitado, mesmo se nos restringirmos ao âmbito cultural. Há contextos artísticos aparentemente incompatíveis com eles, como, por exemplo, a música culta ou a etnomusicologia. Ambos os casos envolvem altíssimos custos de produção. Os ensaios para que uma orquestra possa interpretar uma obra complexa podem tomar muito tempo e exigem um plantel de músicos estável. A etnomusicologia implica um trabalho de pesquisa extensiva, que é muitas vezes financiado por instituições públicas. Isso não quer dizer que a música culta esteja condenada a esse estranho híbrido de funcionalismo e *star-system* que caracteriza seu atual modelo de difusão na Europa. O Sistema de Orquestras Juvenis da Venezuela é uma prova disso. Do mesmo modo, a etnomusicologia alimentou-se de intervenções não acadêmicas ou não profissionais muito valiosas, como as de Violeta Parra. Mas parece razoável pensar que existem âmbitos em que a euforia colaborativa e sem fins lucrativos se defronta com limites sistemáticos.

Voltando ao mundo do livro, a mediação especializada desempenha um papel crucial e dificilmente substituível. Escutar uma canção *pop* e decidir se vale a pena é um processo relativamente rápido. Muitas vezes bastam apenas alguns segundos para decidir se é um conteúdo interessante para nós, ou não. Por isso é factível que mediadores não profissionais possam substituir as gravadoras, pelo menos em algumas de suas funções. A avaliação de romances ou de ensaios é um processo muito mais lento e complexo. Se cada um de nós como leitor tivesse que escolher quais livros são valiosos em meio à imensa oferta potencial de escritores que acreditam que seus textos merecem ser difundidos (algo tecnicamente possível), a cultura escrita tal como a conhecemos simplesmente desapareceria. As editoras reduzem o ruído, tarefa para a qual a internet não é uma ferramenta exatamente eficaz.

Os comentários dos usuários da internet começaram a substituir a crítica especializada e a publicidade como elementos básicos na construção do gosto literário. De início, isso pareceu um avanço democrático que permitiria acabar com a ditadura do mercado e dos especialistas. Mas a realidade logo frustrou essas expectativas:

Já faz um bom tempo, a presença de escritores (ou aspirantes a) que entram nos fóruns usando pseudônimo para elogiar suas próprias obras tem se tornando cada vez mais frequente, facilitada pelo anonimato da internet [...] No extremo oposto, também surgiram usuários que, de forma anônima, lançavam críticas cruéis de livros escritos por gente pela qual nutriam evidente ódio [...] Tanto as resenhas como as posições no *ranking* da Amazon.es ou Casadellibro.com se transformaram em parâmetros que condicionam o sucesso de vendas dos *e-books* e, por isso, tanto as editoras como, sobretudo, os escritores autoeditados elaboraram todo tipo de estratégias para fazer seus livros escalarem posições nessas listas[9].

A internet não fez desaparecer nem o negócio do livro nem a crítica especializada, mas transformou a crítica amadora em um negócio obscuro. Há empresas que oferecem resenhas na Amazon em troca de dinheiro. Por exemplo, GettingBookReviews.com oferecia vinte resenhas favoráveis por quinhentos dólares. John Locke, o primeiro escritor autoeditado a vender um milhão de *e-books*, contratou os serviços dessa empresa para conseguir até trezentas resenhas em diversas plataformas.

A financeirização afetou também o desenvolvimento científico. Aqui as coisas são menos evidentes, porque a tecnociência continua sendo uma grande fonte de ganhos produtivos. É verdade que os investimentos de alto risco estão introduzindo muitas condicionantes nas pesquisas, privilegiando as linhas mais rentáveis no curto prazo. Não obstante, embora os resultados possam não ser os melhores, seria, sem dúvida, exagerado afirmar que se trata do mesmo fenômeno observado no caso das hipotecas *subprime* ou da sobreutilização de um privilégio monopolista.

Isso não quer dizer que o setor esteja a salvo do sinal dos tempos. E não se trata apenas da biopirataria. Há, também, o exemplo da *patent trolling*, para a qual a bolha das ponto-com significou um tiro de largada. As *patent trolls* são empresas que criam uma carteira de

---

9 Yeyo Balbás, "Negocio de reseñas 2.0", *Cultura libre*. Disponível em: <www.culturalibre.org/negocio-de-resenas-2-0/>. Acesso em: 31 maio 2016.

licenças comprando patentes de companhias falidas ou que nunca foram utilizadas. Seu objetivo não é a inovação; elas se dedicam simplesmente a rastrear o mercado em busca de empresas que possam ser processadas sob a acusação de desenvolverem produtos com patentes de sua propriedade. Com isso, obtêm lucros astronômicos explorando um mecanismo legal, sem investir um único euro em pesquisa. É, portanto, uma atividade parasitária formalmente similar à especulação. Assim como as financeiras obtêm ganhos diretos desvirtuando a função dos mercados secundários, supostamente criados para dinamizar a atividade produtiva, as *patent trolls* extraem lucros desvirtuando leis criadas para proteger o desenvolvimento científico. Não é uma questão menor: calculou-se que, entre 1990 e 2010, as *patent trolls* custaram às empresas inovadoras 500 bilhões de dólares.

A prática da *patent trolling* já tem uma longa história, mas ultimamente vem se difundindo a grande velocidade. Cada vez são mais especuladores institucionais entrando no negócio como uma extensão do seu ecossistema natural. Importantes *hedge funds* vêm comprando em grande escala licenças de empresas para processar outras companhias de forma sistemática. Por seu turno, para se proteger, as grandes empresas compram grandes carteiras de patentes, o que reaquece o mercado. Com isso, estamos assistindo ao surgimento de uma bolha especulativa de patentes. Por exemplo, no verão de 2011, a Google comprou a divisão de celulares da Motorola a um preço exorbitantemente alto, mais próprio da bolha das ponto--com dos anos 1990. A razão é que a empresa precisava com urgência adquirir mais de 17 mil patentes depois de perder uma disputa pela Nortel, uma empresa falida que tinha mais de 6 mil patentes, para um grupo de investidores que incluía a Microsoft e a Apple.

A relação entre a financeirização da economia, a conversão da propriedade intelectual em bens públicos e a transformação dos conteúdos comercializados pela indústria do *copyright* não foi compreendida adequadamente pelos partidários da cultura livre. Muitas vezes argumenta-se que a resistência da indústria às novas tecnologias e a uma regulação do *copyright* mais amigável com suas potencialidades deve-se à preguiça empresarial. Desse ponto de vista, as tecnologias da comunicação oferecem grandes oportunidades de negócio ao alcance daquelas empresas de produção de conteúdos que saibam evoluir e se adaptar às novas condições tecnológicas. A indústria do *copyright* é um velho dinossauro analógico que resiste a se adaptar a um novo contexto livre de atritos, no qual o tamanho já não importa.

Frequentemente, estabelece-se uma analogia com a crise do negócio das partituras. No início do século XX, a indústria musical baseava-se na venda de partituras por parte dos autores. As leis que regulavam esse material eram as mesmas que valiam para livros e revistas. Quando apareceram os fonogramas, os editores de partituras exigiram que o marco legal não fosse alterado. Desse modo, qualquer artista teria que solicitar autorização explícita ao detentor do *copyright* para gravar uma composição. Em vez disso, optou-se por uma lei que otimizava os benefícios sociais da nova tecnologia. Os editores eram obrigados a permitir que

> qualquer um podia fazer um fonograma de qualquer música desde que, em troca, fosse paga ao editor da partitura uma quantia que, nos Estados Unidos, ficou estabelecida em dois centavos. [...] Havia uma nova tecnologia – o fonograma – que oferecia ao público uma flexibilidade inaudita para escutar música onde e como quisesse. Havia uma antiga norma de direitos autorais que dizia que os editores de partituras podiam controlar todos os usos de uma canção publicada por eles, o que tornava impossível usar essa nova tecnologia. Qual foi a resposta? Uma nova normativa de direitos autorais que tratava a nova tecnologia como uma solução, como um motivo de celebração, e não como um problema a resolver[10].

Cory Doctorow está certo e errado. O declínio do negócio das partituras e a atual crise da venda de conteúdos culturais são situações muito diferentes. O problema, hoje, não é que uns artistas estejam lucrando e outros não, mas antes que, pelo menos em alguns campos, cada vez menos criadores têm a oportunidade de ganhar a vida com sua atividade. A razão é que, no capitalismo,

---

10 Cory Doctorow, "De cómo los derechos de autor deberían cambiar para ajustarse a la tecnología", *Minerva*, Madrid: 2008, n. 9, p. 55.

a inovação tecnológica referente aos produtos – a invenção de um novo roteador, por exemplo – tem efeitos econômicos muito diferentes da inovação referente aos processos –, passagens aéreas sem a intermediação de uma agência de viagens: a primeira tende a aumentar os lucros; a segunda, a diminuí-los. Claro que continuam a existir empresas que obtêm lucros a partir de atividades ligadas ao fato de as pessoas escutarem música. Por exemplo, o fornecimento do ADSL ou a venda de fones de ouvido, ou práticas especulativas como as que descrevi acima. Mas o ponto crucial é que nenhuma dessas formas de ganhar dinheiro, diferentemente da indústria da cópia tradicional – seja a venda de partituras ou de fonogramas –, mantém uma relação orgânica com a produção de bens culturais.

Muitos produtores culturais da história recente vêm tentando obter ganhos. Mas a indiferença dos fabricantes de fones de ouvido em relação ao material que seus clientes escutam não estão relacionados ao pragmatismo ou até com o mercantilismo da indústria do *copyright* clássica. Existe uma diferença evidente entre fabricar filmes de John Ford, discos dos Beatles ou livros de Tolkien – para citar alguns campeões de vendas – e prover banda larga ou alugar espaços publicitários.

Mesmo que a reconversão digital fosse viável para alguns autores e empresas, não é evidente que o seja para todas as atividades que consideramos valiosas. Os contextos institucionais afetam de maneira diferente as diversas produções cognitivas. Por exemplo, na Espanha há uma oferta editorial desproporcionalmente grande para a demanda existente, com mais de cem lançamentos por dia. Por outro lado, as livrarias podem devolver os livros aos distribuidores a um custo baixo, se o fizerem em um prazo breve. O resultado da combinação de ambas as dinâmicas é a penalização das obras com um ritmo de difusão lento e o reaquecimento do mercado livreiro. Há romances de mistério que, mesmo quando muito volumosos, podem ser lidos em poucas horas de leitura; os ensaios, ao contrário, costumam exigir um processo de digestão muito mais pausado, e esse tipo de livro desaparece das livrarias antes que se saiba a sorte deles no médio prazo.

Algo parecido poderia acontecer no ambiente digital. Talvez alguns criadores consigam se adaptar sacrificando certos conteúdos que poderiam ser valiosos para muita gente que, por outro lado, não está em condições de manifestar suas preferências por falta de um canal institucional adequado. É justamente isso – e a semelhança não é casual – que acontece com certo tipo de movimentos do mercado. Os apólogos do comércio afirmam que os preços promovem a coordenação com maior eficácia que qualquer sistema centralizado. Essa é só uma parte da história. Os preços transmitem informação ligada à escassez e à concorrência, mas obscurecem informações sobre a cooperação, a fartura e os processos de decisão.

Pode ser que o contexto digital como o conhecemos não seja o ambiente institucional apropriado para produzir e difundir uma grande quantidade de conteúdos valiosos. Talvez a internet possa difundir e remunerar romances de ficção científica, mas não a prosa poética; os jogos para *smartphones*, mas não a teoria da computação... Não é preciso ser um apocalíptico para reconhecer que algumas das mentes mais brilhantes do nosso tempo estão dedicando suas capacidades a atividades espantosamente pueris. Segundo o tecnólogo Jaron Lanier, na maior parte das empresas *startups* ligadas às tecnologias da comunicação

> deparamos com salas cheias de engenheiros doutorados no MIT que não se dedicam a pesquisar tratamentos contra o câncer ou fontes de água potável segura para o mundo subdesenvolvido, e sim a desenvolver sistemas para enviar imagens digitais de ursinhos de pelúcia ou dragões entre membros adultos das redes sociais. No final do caminho da busca da sofisticação tecnológica parece haver um salão de jogos onde a humanidade recua até o jardim de infância[11].

Os darwinistas tecnológicos evitam se pronunciar sobre os conteúdos, delegando ao mercado a decisão sobre o que merece ou não ser conservado. Essa estratégia procedimental é uma das chaves para a compreensão das peculiaridades do antagonismo digital contemporâneo.

---

11 Jaron Lanier, *Contra el rebaño digital*, Barcelona: Debate, 2012, p. 231.

A utopia do *copyleft*

Os críticos da indústria do *copyright* sustentam, razoavelmente, que a revolução digital deveria ser uma boa notícia. As tecnologias da comunicação têm imensas potencialidades positivas ligadas à difusão do conhecimento e das artes. Embora muitas vezes essas teses sejam proclamadas em tom milenarista, na realidade são pouco controversas, e certamente Bill Gates concorda sinceramente com elas.

Os críticos parecem acreditar que os únicos dilemas que a digitalização implica resultam das barreiras artificiais erguidas pela indústria do *copyright* e de uma concepção restritiva das liberdades individuais. Basta eliminar essas fontes de escassez espúria, que a fartura imediatamente emanará e a harmonia social reinará. Na realidade, o problema é outro e muito real. As possibilidades tecnológicas de distribuição digital mantêm uma relação complexa com os diversos contextos sociais de produção e consumo defendidos por opções políticas antagônicas.

É um problema que remete à origem das tradições emancipadoras que, desde o século XIX, pretenderam superar o utopismo. Os partidários das alternativas ao capitalismo do campo socialista defenderam que suas propostas estavam materialmente ao alcance das sociedades industriais e eram coerentes com sua realidade cultural. De fato, eles as conceberam como um aprofundamento da dupla revolução – política e tecnológica – moderna. O socialismo dotaria de conteúdo real a liberdade, a igualdade e a fraternidade burguesas, ao mesmo tempo que faria um uso mais eficaz e racional dos avanços tecnológicos desenvolvidos pelo capitalismo. Em suma, o socialismo propunha-se como uma alternativa coerente com a realidade pré-revolucionária. Mas a própria ideia de congruência implicava que era preciso um processo de transformação: uma experiência construtiva por meio da ação política que entranhava grandes custos práticos e dilemas morais. O fim do capitalismo não surgiria do abracadabra do industrialismo, como acreditaram os socialistas utópicos.

Nesse sentido, não é estranho que as posições dos adversários contemporâneos da indústria do *copyright* discordem das teses da esquerda tradicional nesse terreno. Durante todo o século XX, a esquerda exigiu uma modulação da relação entre criadores, mediadores privados e interesse público para que esse último vetor ganhasse peso. Com muita frequência, essa estratégia se desenvolveu mediante a proposta de uma aliança com os autores. Ou melhor, não com todos eles, e sim, antes, com aqueles criadores que não se beneficiavam do sistema comercial de remuneração e cujas práticas culturais divergiam das hegemônicas.

Do ponto de vista da remuneração dos criadores, o mercado de *copyright* é extremamente piramidal. Além disso, tem uma tendência natural à homogeneização dos conteúdos, centrando-se na diferenciação de produtos por meio da gestão das marcas. Para fazer uma caricatura, a indústria nos oferece a escolha entre Cristina Aguilera e Britney Spears, entre Lady Gaga e Kesha ou entre Coldplay e The Killers, mas não entre Alban Berg e o *highlife*. Por isso a crítica tradicional à indústria do *copyright* se posicionava ao mesmo tempo sobre a forma de remunerar os criadores, a democratização do acesso aos meios de produção e difusão cultural e sobre quais os conteúdos que valia a pena promover.

Seria absurdo sustentar que essas posições foram sempre – ou até em geral – coerentes, e muito menos saudáveis. A esquerda tem um longo e contraditório histórico de conservadorismo artístico e vanguardismo, populismo e elitismo cultural. Mas me parece significativo que ela tradicionalmente tenha insistido sobre pelos menos três questões completamente estranhas aos críticos do *copyright* contemporâneos: os conteúdos da informação liberada, as condições sociais de acesso real à informação (não apenas sua possibilidade hipotética) e os meios de subsistência dos autores. A posição da esquerda insistia em dar maior peso às redes públicas ou comunitárias de comunicação, em sistemas de remuneração não comercial para os autores e em estruturas pedagógicas alternativas ao *marketing*.

A estratégia dos críticos contemporâneos é muito diferente e, em alguns aspectos, diametralmente oposta. Centra-se em dois pontos interligados: o primeiro é ético, o segundo tem que ver com a organização da produção social. O que há em comum entre ambos é o fato de serem propostas individualistas e procedimentais. Isso não é necessariamente negativo, e de fato muitos esquerdistas saudaram a novidade com entusiasmo.

À primeira vista, parecia que o *copyleft* satisfazia todos os objetivos do antagonismo cultural e limpava alguns cipoais ideológicos insolúveis. Por exemplo, ao não se pronunciar sobre os conteúdos e oferecer uma alternativa não mercantil sem coordenação centralizada, parecia que se livrava de algumas das discussões mais desesperadoras da tradição esquerdista: em que consiste uma prática cultural emancipadora? A coordenação burocrática é realmente melhor que o mercado? Com muita frequência, a busca de uma alternativa ao mercado levou a modelos reacionários em seus conteúdos e ineficazes em sua gestão. O *copyleft* parece preservar o que há de melhor no mercado e nas alternativas não comerciais: incentiva a criatividade individual, permite a cooperação, restringe tanto as possibilidades de controle burocrático quanto a mercantilização... O que podia falhar?

A origem do *copyleft* é o desenvolvimento de *software,* e isso não é um fato banal. As características dos movimentos de cultura livre ficaram encapsuladas em uma batalha muito concreta: a criação de um sistema operacional inteiramente livre, o projeto GNU.

A história é bem conhecida. Em 1983, o programador Richard Stallman anunciou seu projeto de desenvolver um ambiente compatível com o Unix – um sistema operacional robusto e muito utilizado – que não apenas fosse desenvolvido com espírito cooperativo, mas também garantisse que não pudesse ser privatizado no futuro. Por isso o projeto devia contar com uma licença especial que assegurasse que qualquer usuário pudesse "executá-lo, copiá-lo, modificá-lo e distribuí-lo" e, além disso, bloqueasse a possibilidade de futuras restrições desses direitos. A ideia ficou conhecida como *copyleft*.

O *copyleft* é um sistema de quatro liberdades de uso interligadas: a liberdade de executar o programa; a liberdade de estudar como o programa funciona e modificá-lo; a liberdade de redistribuir cópias com ou sem fins lucrativos; e a liberdade de distribuir cópias de suas versões modificadas a terceiros. As quatro liberdades têm caráter "viral". Qualquer pessoa pode exercer essas liberdades sobre os produtos assim licenciados, mas está obrigada a manter a mesma licença nos produtos derivados. O *copyleft* não se limita ao *software,* pode aplicar-se a qualquer tipo de propriedade intelectual. Se, por exemplo, alguém decide editar e vender uma versão melhorada em papel da Wikipédia, pode fazê-lo sem pedir licença a ninguém, mas essa edição deverá permitir a mesma liberdade de uso que a obra original.

A origem informática do *copyleft* marcou crucialmente sua natureza e faz com que sua popularização seja pouco intuitiva. Parece desejável dispor da possibilidade de modificar um manual de matemática para, por exemplo, adaptá-lo às necessidades de certo tipo de alunos ou para ampliá-lo em certos pontos. Por outro lado, não é claro para muita gente em que sentido a possibilidade de realizar mudanças em obras não funcionais, como um poema ou um ensaio de filosofia, pode contribuir para a liberdade. Não se deve superestimar esses problemas. Há obras artísticas em que é habitual certa possibilidade de modificação, por exemplo, os textos teatrais. As obras dramáticas costumam ser adaptadas por motivos criativos ou logísticos. Uma companhia de teatro de uma prisão masculina, por exemplo, pode desejar eliminar os papéis femininos de uma obra para poder representá-la.

No caso do *software* livre, porém, a capacidade de modificação é uma característica crucial e irrenunciável. Trata-se de algo que tem repercussões técnicas, e não apenas legais, já que implica permitir o acesso ao código-fonte dos programas. O próprio Richard Stallman resumia assim o propósito do projeto GNU:

O principal objetivo do GNU era ser um *software* livre. Mesmo que GNU não apresentasse nenhuma vantagem técnica diante do Unix, teria, sim, uma vantagem social, ao permitir que os usuários cooperassem, e uma vantagem ética, ao respeitar sua liberdade[12].

A primeira característica do *copyleft* é, de fato, um compromisso com a eliminação das barreiras que limitam o fluxo, em sentido amplo, da informação. Trata-se de um enunciado normativo forte e estritamente procedimental. As práticas procedimentais são as que não pressupõem a existência de um critério *a priori* para a identificação do resultado correto. Desse ponto de vista, o resultado é adequado quando foram respeitadas as normas que regulam o procedimento. Um bom exemplo de critérios não procedimentais são as declarações do ditador chileno Augusto Pinochet, quando anunciou que aceitaria o resultado das eleições democráticas desde que não fosse eleito nenhum partido de esquerda. Para os partidários do *copyleft*, restringir o acesso à informação é nocivo, não importa sua finalidade. Por isso o *copyleft* em sentido estrito inclui a liberdade de difundir materiais licenciados com qualquer objetivo, inclusive comercial.

O *copyleft* confronta-se à indústria do *copyright* somente porque ela se baseia no monopólio do conhecimento. De fato, o *copyleft* opõe-se, explicitamente, a certas práticas anticomerciais típicas da esquerda. As licenças que permitem ou autorizam a cópia, desde que não seja para fins comerciais, não são *copyleft*. Isso criou grandes conflitos no mundo da cultura livre. A maioria dos músicos, escritores e cineastas críticos da indústria do *copyright* empregam licenças que autorizam a livre reprodução, mas só com fins não comerciais – por exemplo, por meio da utilizadíssima licença Creative Commons, Atribuição Não Comercial Compartilha pela mesma licença. Já os desenvolvedores de *software* muitas vezes permitem o uso de seus programas com qualquer finalidade.

---

12 Richard Stallman, *O projeto GNU*. Disponível em: <https://www.gnu.org/gnu/thegnuproject.pt-br.html>. Acesso em: 28 jul. 2016.

Para sermos justos, o fato é que, desde o primeiro momento, os programadores que criaram a noção de *copyleft* insistiram em não confundir com a gratuidade as liberdades criadas por esse sistema. "'Free' as in 'free speech', not as in 'free beer'" ("'Livre' como em 'liberdade de expressão', não como em 'cerveja grátis'") é um lema habitual no mundo do *software* para eliminar a ambiguidade do termo *free*, que, em inglês, significa tanto "livre, com liberdade" como "grátis, livre de pagamento". Nesse contexto, a avaliação do modo como a informação é produzida ou será explorada não é considerada uma questão relevante no momento do seu licenciamento. Essa é a origem da tensão com o mundo da música e do livro, pois as condições sociais de remuneração dos programadores – muitos deles assalariados de empresas ou com possibilidades de sê-lo – não têm nada que ver com a dos músicos, em geral trabalhadores autônomos, que recebem uma porcentagem por obra vendida.

Os critérios procedimentais tornaram muito difícil abordar essa questão abertamente. Penso que isso limitou a extensão das licenças livres. Há casos, como o dos músicos autônomos, em que é pouco razoável para os criadores conceder a liberdade de cópia com fins comerciais. Mas também ocorre o contrário. Há contextos em que as condições de remuneração é que deveriam tornar as licenças livres pouco conflituosas. Por exemplo, na maior parte de orquestras públicas, os músicos são muito ciosos do uso de suas interpretações, inclusive uma gravação de poucos minutos deve contar com a autorização do conselho da instituição. Contudo, trata-se de empregados públicos – funcionários, em alguns casos –, que recebem salários dignos, trabalham em condições mais do que aceitáveis e têm seu futuro trabalhista assegurado. Caberia pensar que o razoável é que suas interpretações sejam, no sentido mais estrito da expressão, de domínio público. Algo semelhante ocorre com outras obras patrocinadas, como filmes, peças artísticas ou teses realizadas por bolsistas. Faz sentido que uma licença ultrarrestritiva proteja um filme cuja produção foi inteiramente patrocinada e seu direito de transmissão foi depois adquirido por uma televisão pública?

Em geral, há uma clara tensão entre o modo eficaz como o *copyleft* bloqueia as possibilidades de privatização de um bem comum e a negativa de seus partidários a considerar as condições sociais de sua produção e o uso dessa liberdade. No capitalismo histórico, os processos de privatização dos recursos comuns desempenharam um papel importante e multidimensional, como mecanismo de apropriação por despossessão e como fator essencial para o surgimento da força de trabalho moderna. O *copyleft* aponta diretamente contra esses processos.

Mas a expropriação do comum não é a única via monopolista, nem mesmo a principal. O *marketing*, as economias de escala, a informação privilegiada, a miopia dos consumidores, a conivência entre os políticos e a classe capitalista... Os partidários do *copyleft* decidiram não se preocupar com essas questões, ou tratá-las como um subproduto pouco interessante de uma situação legal restritiva. Eles nos falam de um mundo em que pequenos empreendedores ou cooperativas de criadores podem desafiar as grandes companhias; em que a criatividade e o trabalho firme são recompensados. Dentro dessa perspectiva, o único obstáculo seriam os alambrados legais erguidos pelos monopolistas.

Nesse sentido, o *copyleft* tem uma inquietante proximidade com as estratégias de desregulamentação contemporâneas do neoliberalismo. Da perspectiva do *copyleft*, a fonte de problemas não é o mercado da informação, muito menos o mercado de trabalho, e sim as barreiras à circulação e ao uso da informação. As relações comerciais são uma das vias possíveis de transmissão de informação e, em si mesmas, não introduzem nenhum viés negativo. São as licenças que fazem isso. Uma vez assumindo-se esse fato, fartará apenas um passo desde a crítica dos monopólios e das tarifas ao repúdio de qualquer barreira à comercialização. Nem todos os partidários do *copyleft* são entusiastas do mercado, mas muitos o veem como uma opção pessoal que não guarda uma relação intrínseca com a premissa normativa da liberdade de informação. No final das contas, revela-se mais "livre" como em "livre mercado".

Há uma enorme quantidade de críticas à concepção do mercado como distribuidor eficaz. Uma bem razoável é que o sistema de preços tende a homogeneizar produtos e serviços que não têm nenhuma relação entre si e cuja otimização exige diferentes estratégias de distribuição. O *copyleft,* como estratégia procedimental, reproduz esse nivelamento de realidades muito diversas: a patente de uma vacina, a informação política, um jogo de *videogame,* um processador de textos, uma canção...

* * *

Em geral, a esquerda tradicional foi menos categórica em sua relação com a livre circulação da informação. Não acredito que isso signifique um baixo comprometimento com a liberdade de expressão. Ao contrário. Ela simplesmente não se contentou com propostas procedimentais. Na realidade, nem sequer é uma característica da esquerda política. Por exemplo, no final dos anos 1960, durante um debate eleitoral na Alemanha, o socialdemocrata Willy Brandt acusou Kurt Georg Kiesinger, candidato da democracia cristã, de planejar a autorização das televisões privadas na RFA. Kiesinger negou a acusação com veemência, argumentando que as televisões privadas significariam o fim da democracia alemã[13].

Com efeito, até pouco tempo havia consenso na Europa quanto à ideia de que as televisões privadas, mesmo em coexistência com as públicas, constituíam uma ameaça para uma concepção não meramente formal da liberdade de expressão. Entendia-se que a televisão tinha um enorme impacto na opinião pública e fomentava dinâmicas menos reflexivas que outros meios de comunicação, como os jornais. Por isso considerava-se necessário proteger a esfera pública do impacto da televisão privada, previsivelmente pouco comprometida com a informação verídica e submetida a interesses comerciais.

Do ponto de vista da ideologia comunicativa contemporânea, é um raciocínio paternalista. Pode ser. E mais: as televisões públicas não se comportaram sistematicamente de forma melhor ou até mesmo diferente. Mas também é verdade que a desconfiança

---

13 O caso é relatado por Toni Domènech em: "Después de la utopía. Coloquio entre Antoni Domènech y Daniel Raventós", *Minerva,* Madrid: 2008, n. 15, p. 59.

em um pluralismo comunicativo baseado na comercialização revela uma boa dose de prudência. Quando enfrentamos sistemas de regras potencialmente degenerativas, negar-se a levar em conta o resultado de um processo e concentrar-se exclusivamente nas regras do procedimento é ingênuo e irresponsável. Esse é o erro da especulação financeira: a questão não é se os mercados secundários são hipoteticamente úteis, e sim quais são seus riscos e suas consequências materiais em um mundo habitado por seres humanos. De modo análogo, talvez não seja muito inteligente avaliar a privatização monopolista do espaço televisivo apenas em termos de sua legitimidade, sem levar em consideração o processo social que, sem dúvida, se desencadeará e que, uma vez deflagrado, será praticamente impossível reverter.

De modo geral, é simplesmente falsa a ideia de que a livre oferta mercantil de informação gera maior consciência crítica. Morozov explica que uma descoberta fascinante dos dirigentes da ex-RDA foi que aquelas cidades com acesso à televisão ocidental estavam mais satisfeitas com o regime comunista do que aquelas fora do alcance do sinal televisivo da RFA[14]. *Dallas* não contribuía para solapar a ditadura, e sim para escorá-la. Em muitos regimes autoritários contemporâneos há uma considerável tolerância ao acesso a bens de entretenimento ocidentais. O Partido Comunista Chinês descobriu que Lady Gaga é uma aliada, não o inimigo.

Do mesmo modo, caberia questionar o uso comercial de conhecimentos gerados no âmbito público. Por exemplo, licenciar uma vacina criada em uma instituição pública com *copyleft* pode ter efeitos muito diferentes dependendo do contexto econômico. Um cartel de laboratórios poderia fabricar a vacina exclusivamente para vendê-la a alto preço em países carentes de um sistema sanitário público com capacidade para produzi-la e distribuí-la. Uma editora poderia utilizar, sistematicamente, traduções publicadas com *copyleft* na internet e publicá-las em papel em países com grande defasagem tecnológica, onde a empresa ocupasse uma posição hegemônica no mercado do livro.

---

14 Evgeny Morozov, *The Net Delusion*, New York: Public Affairs, 2011, p. 63 ss.

Para a esquerda, uma excessiva concentração monopolista da informação é incompatível com a democracia. A maioria dos partidários do conhecimento livre é contrária a que a informação esteja de fato em poucas mãos, mas se escutam poucas propostas consequencialistas – por exemplo, uma legislação antitruste voltada a reverter essa situação. A razão disso é que soluções assim entrariam em conflito com o enunciado normativo forte baseado em uma visão estritamente procedimental da liberdade de comunicação.

O segundo elemento característico do *copyleft* é a cooperação. Ao eliminar restrições ligadas à propriedade intelectual, o *copyleft* incentiva a criação de espaços de produção em que a coordenação emerge espontaneamente por meio da confluência em redes colaborativas. Essa tese tem uma dimensão cognitiva e outra social. Em ambos os casos, existe uma forte neutralidade valorativa com respeito ao conteúdo dos materiais produzidos, do uso desses materiais e de suas condições de distribuição.

A dimensão cognitiva está relacionada à ideia de que, segundo a ideologia californiana, a internet é um espaço no qual confluem fragmentos de inteligência que se agrupam até compor uma espécie de mente-colmeia. Os dois exemplos, unanimemente citados, são a Wikipédia e o desenvolvimento colaborativo não comercial de *software* livre. O que quase sempre se esquece é que ambos os projetos são idiossincrásicos e não podem ser universalizados. Apresentam algumas peculiaridades não compartilhadas pela maior parte das práticas tecnológicas, culturais, produtivas, políticas ou científicas.

O desenvolvimento de grandes projetos de *software* é sempre colaborativo, e isso não é uma característica do *software* livre. O desenvolvimento de *software* pode e deve ser fragmentado. Há toda uma mitologia sobre programadores independentes trabalhando em sua garagem de madrugada, mas a verdade é que o desmembramento de um grande projeto em pacotes de problemas a se resolver coletivamente em uma espécie de linha de montagem não é uma opção, e sim uma necessidade técnica. É impensável, por exemplo, que o Windows 95 fosse desenvolvido de outra forma. O peculiar da programação é que, diferentemente de muitos processos produtivos tradicionais, ela não exige uma rigorosa continuidade temporal ou espacial. Por outro lado, comparada a outras formas de cooperação informal, a programação comporta critérios técnicos de decisão que, ao menos até certo ponto, permitem dirimir as disputas ou, pelo menos, respaldam a autoridade de certas pessoas.

A produção de um filme convencional, por exemplo, não tem praticamente nenhuma dessas características. Ela exige, por exemplo, que um grande número de pessoas esteja em certo lugar, em certo momento e sob determinadas condições (técnicas, meteorológicas...). Muitas dessas pessoas – pelo menos os atores – não são substituíveis, salvo em casos anedóticos. Nem mesmo o critério técnico é necessariamente relevante. Há metodologias muito sedimentadas, é verdade, mas se alguém decidir ignorá-las não provocará nenhum erro de compilação. Pasolini rodou algumas de suas obras-primas sem ter a menor ideia das convenções cinematográficas. Outras práticas culturais têm algumas dessas características, mas não outras. Sem sair do âmbito cinematográfico, a redação dos roteiros das séries de televisão costuma ser colaborativa, ainda que também hierarquizada e muito condicionada por exigências temporais. Um filme de animação, ao contrário, é potencialmente mais fácil de fragmentar em pacotes de problemas.

O segundo exemplo recorrente é a Wikipédia, um projeto editorial cooperativo, do qual participa em igualdade de condições uma grande massa de redatores anônimos ajudados por uma série de ferramentas técnicas e algumas regras de edição. A mecânica da Wikipédia é muito simples: qualquer usuário pode alterar um artigo ou criar um novo, se achar necessário. Os demais usuários podem, por sua vez, rejeitar, retificar ou retomar esse trabalho, e assim por diante. A pessoa procura um verbete e, se não o encontrar, ou se a informação que contém lhe parecer deficiente – incompleta, pouco rigorosa, mal redigida... –, pode criá-lo ou modificá-lo.

O que acontece é que também a redação de uma enciclopédia tem características muito peculiares. Novamente, qualquer enciclopédia de grande tamanho é um projeto colaborativo, não apenas a Wikipédia. Em termos gerais, as enciclopédias se caracterizam, diferentemente dos ensaios ou dos artigos de opinião, por procurar a neutralidade e, diferentemente das monografias, por não apresentarem pesquisas originais, apenas elaborações secundárias a partir delas. As enciclopédias reúnem o saber acumulado e usualmente aceito pela comunidade de cientistas e especialistas. Nesse sentido, tem-se a impressão de que utilizar a Wikipédia como exemplo de sucesso do trabalho colaborativo em rede é uma petição de princípio. Exceto pela quantidade de colaboradores, também *L'Encyclopédie,* de Diderot e D'Alembert, teria servido para a mesma finalidade.

Na realidade, o diferencial da Wikipédia não é tanto a colaboração como o fato de ser uma enciclopédia elaborada por não especialistas: as discussões sobre conteúdos são horizontais, e um catedrático tem o mesmo direito de editar um artigo que um estudante. Além disso, ao menos em princípio, a Wikipédia tem muito menos barreiras de entrada cognitivas que o *software* livre. Para os internetcentristas, a Wikipédia prova que na rede cada um de nós contribui para o conhecimento agregado com os fragmentos de conhecimento específico que possui. Um adolescente pode não saber nada sobre o regime hidrológico do rio Guadiana, mas pode corrigir um erro de grafia no nome de um dos povoados mencionados no correspondente verbete, porque esteve ali nas férias com sua família. A suposta moral da história é que a inteligência é coletiva e granular. Com as ferramentas adequadas, os microconhecimentos se acumulam, dando lugar a níveis emergentes de saber.

A magia das redes telemáticas consiste no fato de permitirem que esses fragmentos cognitivos se agrupem ordenadamente sem uma coordenação centralizada. De fato, costuma-se dizer que fazem isso de forma mais eficaz do que se um modo central os controlasse. É uma tese muito discutível, ao menos no caso da Wikipédia. Algumas avaliações muito otimistas da qualidade dos artigos da Wikipédia baseiam-se nos verbetes técnicos. É praticamente certo que a maior parte dos redatores de entradas como "ondaletas" (ou "wavelets") ou "senoide" são especialistas. Nesse sentido, a Wikipédia seria parasitária de instituições acadêmicas tradicionais com uma organização convencional. Talvez o conhecimento seja uma questão coletiva. Mas é muito discutível que a Wikipédia forneça dados concludentes nesse sentido.

Algo semelhante acontece com outro exemplo recorrente de atividade cognitiva colaborativa. O *crowdsourcing* é um chamado aberto que reúne uma grande massa de pessoas para cuidarem de tarefas que tradicionalmente eram realizadas por uma pessoa ou por um coletivo organizado formalmente. As experiências de *crowdsourcing* são muito ambivalentes. Há muitos fracassos, mas também alguns casos muito bem-sucedidos. Por exemplo, o Foldit, um jogo de computador desenvolvido pela Universidade de Washington. Trata-se de uma simulação bioinformática concebida para prever a estrutura das proteínas e seu dobramento a partir de sua sequência de aminoácidos. O programa foi criado para que pessoas sem conhecimentos de bioquímica pudessem ajudar a encontrar as formas naturais das proteínas. As pessoas interessadas em colaborar jogam um *videogame* no qual devem movimentar formas geométricas. Os participantes competem para encontrar a configuração mais eficiente de uma proteína: quanto menos energia sua estrutura demanda, mais pontos o jogador obtém. Com esse método, em 2011 conseguiu-se resolver a estrutura tridimensional da enzima de um retrovírus semelhante ao HIV, depois de aproximadamente 200 mil jogadores terem gerado 18 mil modelos diferentes.

O Foldit, porém, não é um sistema de agregação de conhecimentos, como a Wikipédia, e sim um experimento de manipulação social consentida. A cooperação não vai além da decisão de jogar usando esse programa. É como se a companhia responsável pelo fornecimento de eletricidade instalasse um dínamo nas bicicletas ergométricas das academias e aproveitasse a energia gerada. Seria um tanto tendencioso falar nesse caso em "criação energética cooperativa". O Foldit é interessante porque demonstra que muitas tarefas são mais multiformes do que parecem e requerem habilidades insólitas (no curso de química não há uma disciplina de dobramento nem de *videogames*). Isso não tem por que acarretar dilemas éticos, mas não deveria ser confundido com outra coisa. É mais ou menos como procurar uma chave testando um grande número de combinações por meio de um computador potente ou de um sistema distribuído. Às vezes pode ser um método eficaz, mas não é a mesma coisa que um trabalho criptográfico de engenharia reversa. De fato, o Foldit foi criado com a ideia – acertada – de que, no campo do raciocínio espacial tridimensional, as pessoas são instrumentos de cálculo mais potentes que os computadores.

Independentemente de que a noção de mente-colmeia seja ou não razoável, trata-se de uma metáfora cada vez mais aceita. Existe um paralelismo bastante claro entre a perspectiva cognitiva colaborativa e, de novo, o tipo de cooperação *sui generis* criado pelo mercado. As formas tradicionais de colaboração desenvolvem-se mediante interações presenciais ou por meio de instituições e organizações regulamentadas. A ideia de que a cooperação pode ser um subproduto – deliberado ou não – de outros interesses é muito mais exótica. Guarda relação com a universalização do mercado na modernidade, que propagou o dogma de que a coordenação social surge espontaneamente da interação individual egoísta, sem necessidade de nenhuma mediação institucional. Há uma forte simetria entre a compreensão granular do conhecimento e a concepção do sistema de preços como meio idôneo para conseguir uma ótima distribuição dos recursos.

Para a ideologia californiana, basta serem criados os canais telemáticos adequados para que ocorra um fenômeno de agregação cognitiva não centralizada. O conhecimento seria resultado de uma coordenação espontânea de fragmentos de informação. A inteligência coletiva se parece bastante com um sistema de livre-mercado cognitivo. Cada um pode acreditar ou não que está contribuindo para o conhecimento coletivo e desejar ou não fazê-lo. Mas isso é irrelevante. A mente-colmeia é um subproduto da interação.

Há pelo menos dois problemas graves com essa perspectiva. O primeiro é comum à idealização do mercado como organizador. O fato é que nunca houve – e, verossimilmente, nunca haverá – nada nem remotamente semelhante a um livre-mercado generalizado e prolongado no tempo. Os economistas neoclássicos insistem em que isso é assim porque não nos esforçamos o tanto quanto necessário. Para eles, os fracassos do livre-mercado ocorreram por falta de ímpeto na depuração de toda intervenção estatal ou monopolista.

A verdade é que é difícil pensar em qualquer outro sistema econômico que se tenha mantido com tanta pertinácia, apesar de sua assombrosa instabilidade e suas demolidoras externalidades negativas. De fato, a desregulamentação sempre foi epidérmica, no sentido de ter demandado uma permanente intervenção não mercantil, seja do Estado, seja de outras instituições – tanto para eliminar a tendência natural dos seres humanos a se coordenarem de forma não competitiva como para limitar os danos sociais da mercantilização. A principal contribuição da ideologia dos preços é fazer com que essas intervenções pareçam irrelevantes, redefinindo-as como momentos excepcionais, e não como a normalidade histórica do capitalismo.

Algo parecido ocorre com a mente-colmeia. Raspando a superfície dos supostos exemplos de inteligência coletiva, logo vemos que os processos cognitivos digitais são bem semelhantes aos tradicionais. De fato, pode-se argumentar que, se essas empresas foram bem-sucedidas é porque, apesar de toda a sua retórica reticular, tratam-se de empresas colaborativas convencionais. E que seu sucesso ocorreu apesar das ferramentas digitais, não graças a elas.

A Wikipédia, por exemplo, não é apenas uma enciclopédia. É também uma comunidade de usuários muito menor do que a metáfora granular dá a entender. Por mais que milhões de pessoas usem a enciclopédia virtual e milhares de pessoas façam contribuições esporádicas, aqueles que dedicam muito tempo a aprimorá-la são um grupo reduzido. Vários desses membros são bibliotecários, isto é, usuários com privilégios de edição que tomam as decisões mais importantes e polêmicas. Nesse sentido, não é exagerado dizer que os bibliotecários são o núcleo da comunidade sociológica da Wikipédia. Consequentemente, os procedimentos de trabalho acabam se assemelhando bem mais a uma enciclopédia convencional não colaborativa, já que os bibliotecários se comportam muitas vezes como editores de texto, no sentido que a expressão tem no mundo do livro tradicional. Na realidade, isso ajudou a melhorar a qualidade da enciclopédia. Mas também é uma fonte de conflitos, na medida em que existe uma contradição entre essa realidade pragmática e os princípios ideológicos da Wikipédia, que os próprios bibliotecários assumem e defendem, baseados na colaboração em massa, infinitesimal e anônima.

O segundo problema está relacionado à motivação. Os defensores do sistema de preços sustentam que a busca de ganhos individuais tem como consequência involuntária um bem-estar coletivo maior que aquele que se conseguiria com a coordenação ou o altruísmo. Segundo essa visão, portanto, o bem-estar coletivo não resulta sempre nem necessariamente da busca individual da virtude. A ética mundana é compatível com a sociabilidade. Abandonar-se às paixões egoístas pode ser moralmente nocivo, mas não é necessariamente prejudicial para o conjunto da sociedade. Há uma categorização similar das motivações no mundo das redes cooperativas? Por que as pessoas colaboram na internet?

O *copyleft* promove a cooperação não apenas para facilitar a agregação de conhecimentos, mas também em um sentido mais convencionalmente social. Limpa o caminho para que as pessoas empreendam projetos em comum e as motiva a fazê-lo. Esse é, certamente, o aspecto que mais contribui para sua popularidade entre a esquerda política. A ausência de barreiras legais e materiais facilita a cooperação entre as pessoas. Basta eu ter acesso ao código-fonte de um programa ou ao texto de uma enciclopédia para manipulá-los e, eventualmente, melhorá-los. Não preciso começar cada projeto do zero nem pensá-lo como uma alternativa a outros, porque minha contribuição faz parte de uma cadeia de intervenções. Por vezes, essa contribuição pode estar formalmente coordenada em uma organização (por exemplo, um coletivo de professores de matemática redigindo um manual), mas o interessante é que isso não é estritamente necessário. Mesmo que minha contribuição seja totalmente esporádica e eu não mantenha o menor contato pessoal com outros colaboradores, posso fazer parte de uma comunidade cooperativa. As tecnologias da informação e da conectividade são básicas para essa cooperação. Pode-se redigir analogicamente um manual de matemática colaborativo, mas é muito mais difícil fazê-lo com tão pouco contato pessoal.

É uma questão mais importante do que possa parecer. Uma das críticas fundamentais que a tradição socialista realizou ao sistema mercantil foi que nele a liberdade econômica se limitava ao exterior das empresas. Ou seja, diferentemente do que acontece no feudalismo, um assalariado é livre para aceitar um trabalho ou não, mas, se o aceitar, deverá submeter-se às normas vigentes no interior das companhias, que, de maneira geral, são extremamente verticais e hierárquicas. As empresas são arquipélagos de autoritarismo rodeados por um contexto legal público formalmente igualitarista, e é dentro deles que passamos metade de nossa vida adulta consciente.

Levar a democracia para o interior das empresas, porém, é muito custoso. Criar uma comunidade de trabalho eficaz, como uma cooperativa, requer uma frágil combinação de compromisso pessoal e arquitetura institucional. Nem todas as decisões são suscetíveis de decisão democrática, como por exemplo as que têm a ver com questões técnicas ou são submetidas a prazos urgentes. Por outro lado, os laços sociais intensos não são necessariamente um ambiente de trabalho ideal. Oferecem vantagens, como a lealdade e o compromisso, mas também inconvenientes, como a dificuldade de negociação.

Justamente, uma das razões do sucesso do *copyleft* entre a esquerda é que parece reduzir em muito os custos da colaboração horizontal. Os mesmos argumentos usados para sustentar que as tecnologias da informação automatizam a cooperação cognitiva, ao transformar a agregação de conhecimentos em um resultado involuntário para outros propósitos, também são empregados para sustentar que elas reduzem os custos da cooperação social. A ausência de vínculos pessoais permite a entrada e saída de pessoas com diferentes níveis de compromisso nos projetos colaborativos. A cooperação pode ser em grande escala, porque não é limitada por barreiras geográficas e porque o efeito multiplicador das redes sociais permite que cada um dos participantes tenha muitos vínculos. Foi por isso que uma parte significativa da esquerda política aderiu à celebração de um dos dogmas da ideologia cibernética: a facilitação da sociabilidade como capacidade intrínseca das tecnologias da comunicação.

Na realidade, a ideia de que a tecnologia pode ajudar a fortalecer e ampliar os vínculos entre as pessoas é bastante exótica. A história dos últimos três ou quatro séculos – que em parte é a história de algumas mudanças tecnológicas de dimensões sísmicas – é marcada por uma progressiva fragilização das relações sociais tal como a humanidade as conhecera até então. As ciências humanas foram quase unânimes em associar a modernização com a destruição dos laços comunitários tradicionais. Até o século XVIII, a maioria dos homens e mulheres sabia, com bastante precisão, no que consistiria sua vida, o local onde residiriam, a idade em que se casariam, a atividade à qual se dedicariam... A industrialização, a mercantilização, o crescimento das cidades – assim como a democratização – tendem a dissolver o magma simbólico que outrora orientava as vidas individuais e as decisões coletivas. Isso permitiu que muita gente se libertasse dessa determinação biográfica e alargou em muito as possibilidades vitais. Mas também gerou insegurança e desorientação.

De maneira geral, entendeu-se que o avanço tecnológico acelera o processo de fragmentação da experiência e das relações sociais, se é que não o provoca diretamente. Adam Smith admirava fascinado a forma como, em uma fábrica de alfinetes, o trabalho era dividido em tarefas ínfimas, mas em nenhum momento ele supôs que isso poderia beneficiar a sociabilidade ou a realização pessoal. A divisão extrema do trabalho, característica das economias tecnologicamente avançadas, dificulta em muito a percepção plena das tarefas que realizamos em nossos empregos e de sua relação com outros aspectos da vida.

Segundo o sociólogo Richard Sennett, essa dinâmica se exacerbou nas últimas décadas. A mercantilização generalizada chegou a produzir um processo de corrosão da personalidade, da subjetividade. Já não são apenas os processos de trabalho que se fragmentaram, mas também as próprias carreiras; a ocupação deixou de ser um elemento que dá coerência à vida de cada um. Em geral, nada mais lhe dá essa coerência. Segundo muitos sociólogos, produziu-se uma transformação radical da identidade pessoal, isto é, do modo como entendemos a nós mesmos. Já não nos imaginamos como um contínuo coerente ligado a um ambiente físico e social mais ou menos permanente. Vemo-nos como uma concatenação incoerente de vivências heterogêneas, relações sentimentais esporádicas, trabalhos incongruentes, locais de residência instáveis, valores em conflito...

Nesse sentido, as tecnologias da comunicação são paradoxais. Segundo a ideologia contemporânea, elas têm exatamente o efeito contrário ao da tecnologia tradicional. Não que provoquem um retorno às relações e à subjetividade tradicionais, claro. Seriam, antes, o germe de um repertório de vínculos sociais de nova geração capaz de suturar a fragilização das relações sociais característica da modernidade.

É lógico que muitos ativistas políticos se sintam atraídos por essa tese. Ela parece responder ao desejo socialista de uma forma de comunidade compatível com os altos padrões de liberdade pessoal e autonomia característicos da modernidade. Os socialistas queriam um tipo de fraternidade que conseguisse preservar a liberdade individual. O *copyleft* parece ser a consumação dessa aspiração: indivíduos envolvidos em uma gama de atividades cooperativas sem que isso implique dependências pessoais de nenhum tipo. O *copyleft* nos conduziria, enfim, a um círculo virtuoso de liberdade e criatividade individual, solidez comunitária e desenvolvimento econômico.

Contudo, é possível que as aspirações do conhecimento livre, aqui também, guardem mais semelhanças com a versão liberal da sociabilidade. Ou, pelo menos, a uma de suas versões. A fonte de legitimação histórica do capitalismo não foi apenas o pessimismo antropológico de Hobbes. Nem todos os defensores do comércio concebiam a sociedade como um jogo de soma zero. Ao contrário, o mercado também foi entendido como uma solução para a opressão e o conflito, característicos de certas sociedades dominadas pelo jogo político. Essa é precisamente a ideia do "doce comércio", uma expressão cunhada por Montesquieu no século XVIII para designar o modo como os negócios podiam fomentar um tipo de relação social superficial, porém amável e serena. Ele acreditava que o mercado era uma alternativa às grandes paixões políticas e religiosas que tinham transformado a Europa em um imenso campo de batalha nos primórdios da modernidade.

Muitos pensadores do iluminismo eram céticos em relação aos efeitos da sociabilidade. Pensavam que o comércio moderava a tendência de as diferenças políticas e culturais degenerarem em conflito aberto. Estavam longe de acreditar que o comércio fosse o cenário ideal para a realização das virtudes humanas. Mas o consideravam uma espécie de mal menor, uma segunda e melhor opção à guerra de motivação política ou religiosa. Montesquieu diz, literalmente, em *O espírito das leis*:

> O comércio cura dos preconceitos destruidores; e é quase que uma regra geral que em todo lugar em que existem costumes suaves existe comércio e que em todo lugar em que existe comércio

existem costumes suaves [...] E é bom para os homens estarem numa situação em que, enquanto suas paixões lhes inspiram o pensamento de serem maus, têm no entanto o interesse de não sê-lo[15].

Os iluministas tinham fresca memória daquela grande carnificina que havia tomado conta da Europa como resultado do confronto político e religioso. Alguns deles acreditavam que o comércio podia fomentar vínculos afáveis. Menos virtuosos que as relações políticas de Atenas ou Roma, mas também menos agressivos. A aposta no comércio era, no fundo, resultado da degeneração histórica. A construção política só estava ao alcance dos concidadãos de Péricles ou Sólon, não dos europeus do século XVIII. Na era de Luís XV, a busca da excelência política levava ao desastre. Era melhor optar pelos vínculos sociais característicos dos comerciantes, de baixo estofo e pouco profundos, mas pelo menos tranquilos e cordiais. No fundo, o que Montesquieu propunha era fomentar a estabilidade política rebaixando as expectativas sociais.

A União Europeia tem uma origem parecida. Os fundadores da Comunidade Europeia do Carvão e do Aço (Ceca), que foi o cerne da UE, pretendiam, explicitamente, criar interesses comerciais comuns no centro da Europa como uma forma de prevenir novos conflitos bélicos na região. Imensos esforços políticos e culturais não tinham conseguido evitar que a histórica inimizade entre França e Alemanha arrastasse o mundo a duas guerras mundiais. O comércio operaria esse milagre.

Na era do capitalismo de cassino, é difícil continuar mantendo essa confiança no poder social do mercado. Mas a internet se oferece como um substituto muito oportuno. Ninguém pretenderá que um amigo do Facebook ou um seguidor do Twitter seja o mesmo que uma verdadeira amizade. Mas em um ambiente de fragilidade social generalizada, talvez seja o mais parecido que possamos conseguir. E mais, para os apólogos do presente, poderia ser um passo

---

15 Montesquieu, *Del espíritu de las leyes,* Madrid: Alianza, 2003. [Transcrito da ed. bras.: *O espírito das leis,* São Paulo: Martins Editora, 2005, pp. 344 e 394.]

à frente, uma possibilidade de nos reinventarmos e explorarmos nossas capacidades criativas sem lastros antropológicos. Segundo uma opinião muito difundida hoje, os alicerces de nossas sociedades seriam construídos em um espaço telemático, no qual se encontram indivíduos autônomos sem outra relação além de seus interesses comuns. O ponto-chave dessa ideia reside em os vínculos sociais das tecnologias da comunicação poderem conviver com a fragmentação da subjetividade pós-moderna. E mais: dependerem dela.

O anonimato e a imediatez permitem colaborar, compartilhar e integrar uma comunidade quando – e se – quisermos, e com a personalidade que preferirmos. Na internet, confluem séries de subjetividades descontínuas sem mais passado nem futuro que o de suas preferências presentes. As tecnologias da comunicação desmembram a personalidade empírica em uma série de identidades bem compartimentadas e, sobretudo, oferecem um artefato técnico para recompor a atividade social por meio de mecanismos de participação. As relações sociais clássicas seriam substituídas por laços difusos e descontínuos, porém amplificados, tecnologicamente potencializados. Se já não temos grandes famílias, amigos íntimos nem carreira profissional, os círculos em que transmitimos a informação são mais amplos. A participação no ambiente digital é o vetor que unifica a extrema plasticidade da nossa própria identidade pessoal. Membros do Facebook, uni-vos, para... serem membros do Facebook.

O segredo dessa cibersociabilidade, a exemplo da cordialidade comercial de Montesquieu, é o rebaixamento das nossas expectativas. Na realidade, as ferramentas 2.0 não resolveram o problema da fragilização dos laços sociais na modernidade nem o da fragmentação da personalidade pós-moderna, mas digamos que o tornaram mais opaco, mediante a popularização de próteses sociais informáticas. Assim como a prescrição em grande escala de psicotrópicos não acabou com a experiência da alienação industrial – apenas a tornou menos conflitiva. As tecnologias da comunicação têm gerado uma realidade social reduzida, não ampliada. Pela primeira vez, a cultura de massa é mais que uma metáfora. A internet não melhorou nossa sociabilidade em um ambiente pós-comunitário, simplesmente rebaixou nossas expectativas com relação ao vínculo social. Tampouco aumentou nossa inteligência coletiva, simplesmente nos induz a rebaixar o nível do que consideramos um comentário inteligente (140 caracteres é, realmente, um limiar bem modesto).

Por isso, como explica Jaron Lanier, o auge da conectividade, a rede social, o *cloud computing* e a cultura compartilhada deram lugar a uma exaltação das dinâmicas de massa profundamente negativa, muito mais próxima dos pesadelos reacionários de Ortega y Gasset que do comunitarismo. Em um contexto digital completamente desinstitucionalizado, os simulacros de sociabilidade – os "amigos" do Facebook – e de cooperação – os *likes* que regulam as capas dos meios digitais – emergem como num passe de mágica a partir do comparecimento individual e voluntário no espaço telemático. Lanier aponta a maneira como o modelo tecnológico hegemônico está transformando de uma forma redutiva nossa perspectiva da personalidade humana:

> A atribuição de inteligência às máquinas, às multidões de fragmentos ou a outras divindades tecnológicas, mais que iluminar o tema o obscurecem. Quando se diz às pessoas que um computador é inteligente, elas tendem a mudar a si mesmas para que pareça que o computador funcione melhor, em vez de exigir que o computador mude para ser mais útil[16].

Por acaso, uma conversa em um *chat* é um laço social comparável a uma relação familiar ou a um grupo de afinidade? Não seria como comparar a liberdade de comprar com a liberdade política? E, acima de tudo, por que a ideia de rebaixar o nível de sociabilidade funcionaria melhor no caso da tecnologia que no caso do comércio?

---

16 Jaron Lanier, *Contra el rebaño digital,* Barcelona: Debate, 2012, p. 55.

cooperação 2.0

Há um estranho paradoxo nos movimentos favoráveis ao conhecimento livre. Por um lado, superestimam os poderes da tecnologia. Mas o avanço tecnológico não é algo independente do contexto social, e em algumas situações um rádio pode ser um meio de comunicação muito mais eficaz que um computador. Por outro lado, eles são estranhamente atávicos em muitas de suas colocações. É fascinante como nos ambientes ciberutópicos se fala pouco sobre os processos que afetam milhões de pessoas, como o desemprego, a crise de representatividade política, a desigualdade de gênero ou a crise do capital financeiro. Sobretudo em comparação com a popularidade de outros acontecimentos distantes no tempo, minoritários e exóticos.

Os especialistas observam analogias entre os DRM – as tecnologias de controle de acesso que limitam o uso de dispositivos digitais – e os *enclosures*, os processos históricos de expropriação das terras comunais na Inglaterra entre os séculos XVII e XIX. Eles veem semelhanças entre a generosidade na internet e o *potlach*, um sistema de festins tradicionais dos nativos da costa noroeste norte-americana que desapareceu no início do século XX. Sugerem que entendamos a internet como um bazar, uma instituição secular de intercâmbio mercantil de origem persa.

Não parece que se trata de um detalhe anedótico. Isso dá uma boa ideia de como a maioria dos tecnólogos viram as costas por completo para os problemas da sociedade contemporânea. É como se a internet nos permitisse resgatar o ambiente cordial e compreensível das sociedades tradicionais depois do incômodo parêntese das contradições cruentas e insolúveis das sociedades industriais. É uma dinâmica que contagiou o ciberativismo. Talvez por isso a única alternativa à mercantilização proposta a partir de suas fileiras é a recuperação do conceito de "bens comuns" (*commons*, em inglês), uma relíquia historiográfica cuja principal virtude reside em não obrigar ninguém a se pronunciar sobre o modelo institucional em que se concretizará.

Os *commons* são um ambiente intelectual muito amigável, porque pertencem a sociedades desaparecidas ou em fase de desaparecimento, com um nível tecnológico muito baixo. É algo extremamente conveniente para evitar perguntas complexas e incômodas, como: O que é preferível? Um sistema cooperativo inserido em um ambiente comercial com estrutura empresarial profissionalizada, como por exemplo a Corporação Mondragón, ou uma alternativa anarquista de ruptura radical com a sociedade hegemônica, como as ecovilas? A alternativa ao mercado é o planejamento? Existem mecanismos competitivos não baseados nos fins lucrativos?

Por que alguém decide de forma altruísta dedicar seu tempo a programar, traduzir, legendar, escrever, compartilhar músicas e filmes...? Há casos fáceis de explicar, como o dos *uploaders* – fornecedores de conteúdos remunerados – das páginas de alojamento de arquivos ou os autores que não encontram outra forma de divulgar sua obra. Mas em muitas outras ocasiões, esse trabalho é realizado de forma anônima e sem fins lucrativos. Não é uma relação social tradicional, mas seria simplista reduzi-la ao tipo de vínculo epidérmico característico do consumismo.

A maioria de nós coopera frequentemente com outros em seu círculo cotidiano mais próximo: filhos, pais, amigos... Esse tipo de interação se baseia nas relações pessoais cara a cara e tem algumas características muito idiossincrásicas, como a insubstituibilidade de quem participa da relação. Se um irmão ou um amigo morrer, não podemos procurar outro em uma base de dados para substituí-lo.

Nas sociedades modernas também existem estruturas de cooperação impessoais em grande escala. As duas mais importantes são o mercado de trabalho e a estrutura burocrática estatal. Ambas exigem um contexto institucional muito frondoso, com todo tipo de normas, meios de coerção, conhecimentos e infraestruturas físicas. O sistema salarial, por exemplo, é uma complexa estrutura que visa organizar uma forma de coordenação baseada, primeira, mas não exclusivamente, no interesse próprio, e não nas redes de dependência pessoal.

Na maioria dos casos, a cooperação digital não se baseia em nenhum tipo de relação pessoal tradicional, tampouco em organizações formais ou no interesse egoísta. Então, com instituições tão fracas ou inexistentes e sem relações pessoais, como as tecnologias da comunicação conseguem gerar cooperação? A resposta mais usual é que elas facilitam o altruísmo. O mercado agiliza em muito a cooperação baseada no egoísmo, mas é um mau meio de transmissão da generosidade e da preocupação pelo bem-estar do outro. Os grupos primários, como a família ou as redes de afinidade, muitas vezes incluem certa dose de altruísmo – ainda que nem sempre nem necessariamente –, mas não são generalizáveis; não podemos tratar todo mundo como se fosse nosso irmão. A cooperação na internet parece ficar com o melhor de ambos os mundos: universalidade e altruísmo.

As tecnologias da comunicação criam uma espécie de mercado altruísta, um comércio da dádiva. Por um lado, a interação na internet não depende do egoísmo, como acontece no mercado. Segundo certa anedota apócrifa, um empreiteiro que queria se desfazer de uma grande quantidade de areia sobrante de uma construção colou um cartaz dizendo "Doa-se areia". Ninguém foi pegá-la. No dia seguinte, colocou outro cartaz anunciando: "Grande oferta: 50 kg de areia por 1 centavo". A areia não demorou a desaparecer. No mercado – e, por extensão, em contextos habitualmente mercantilizados –, não é possível ser altruísta. Não porque isso seja ruim, mas simplesmente porque esse tipo de motivação não se encaixa no marco normativo do mercado. É um pouco como o que acontece com Felipe, o amigo da Mafalda, quando ele ganha um jogo de xadrez. Felipe explica à amiga que ele ainda não joga "tão bem quanto Najdorf". E acrescenta: "Ele deve ser bem melhor de pontaria".

Não existe praticamente nenhum espaço mercantil onde eu possa, por exemplo, dar de presente um livro. Nenhuma livraria do mundo aceitará, com toda razão, oferecer minhas obras gratuitamente. Mas, às vezes, basta romper com o vocabulário comercial para o altruísmo aflorar. Em certa ocasião, uma associação de aposentados dos Estados Unidos consultou o colégio de advogados para saber se algum de seus membros faria um desconto para os idosos com dificuldades econômicas. Ninguém se ofereceu. Diante disso, a associação de aposentados perguntou aos advogados se estariam dispostos a oferecer serviços gratuitos aos necessitados. Muitos aceitaram a proposta[17].

As relações pessoais não mercantis baseiam-se na permanência, e em muitas delas espera-se que, pelo menos em certas ocasiões, demonstremos certo grau de preocupação pelo outro. Na internet temos interações esporádicas com um grau muito baixo de envolvimento pessoal. Contudo, diferentemente do que ocorre no mercado, na internet há, sim, espaço para o altruísmo.

Isso é possível porque, sob certo ponto de vista acadêmico, não existe grande diferença entre altruísmo e egoísmo. Os teóricos da escolha racional costumam analisar condutas egoístas, porque o egoísmo é mais simples que o altruísmo. O altruísmo pode ser reduzido ao egoísmo, mas não o contrário. Talvez com isso o significado profundo das condutas altruístas seja distorcido, mas a operação é formalmente correta. Da perspectiva da estrutura da decisão, o altruísmo é uma preferência individual como outra qualquer. O altruísmo consiste em antepor o interesse alheio ao interesse próprio; o egoísmo, no contrário. Os economistas entendem que não existe nenhum motivo técnico para analisar essas duas preferências como tipos de conduta substancialmente distintos. Como tampouco consideramos a preferência por carros esporte ou jipões como dois comportamentos antagônicos. Tanto o altruísmo como o egoísmo podem ser explicados como resultado de um cálculo hedonista, ou seja, como o resultado da satisfação que obtemos por agir de certo modo.

Isso é coerente com uma deprimente descoberta da psicologia cognitiva: somos muito mais compassivos com as desgraças que nos afetam subjetivamente do que com aquelas situações que consideramos objetivamente mais graves. É falsa a ideia de que,

---

17 Dan Ariely, *Las trampas del deseo*, Barcelona: Debate, 2008, p. 89. [Ed. bras.: *Previsivelmente irracional*, Rio de Janeiro: Elsevier, 2008.]

quando se tem mais informação à disposição, aumentam a solidariedade e o altruísmo; na realidade, quase sempre ocorre o contrário. O que aumenta as chances de nos preocuparmos com outras pessoas são as situações em que desenvolvemos empatia: a imagem de uma criança doente e não uma estatística sobre o milhão de crianças que morrem de malária a cada ano. Isso parece indicar que, na medida em que a sociabilidade não se restringe às relações empáticas presenciais, o altruísmo (a preocupação individual pelo outro) não é sua base.

Vale a pena nos determos nesse ponto. Na vida cotidiana, seguimos dois tipos de comportamento muito distintos: a conduta instrumental e a conduta normativa. Do ponto de vista da racionalidade instrumental, você se comporta racionalmente se escolher (aqueles que você considera ser) os melhores meios ao seu alcance para obter o que (você acha que) deseja. É o tipo de comportamento que se espera de nós no mercado. Desse ponto de vista, o conteúdo dos desejos é indiferente quando se trata de catalogar uma conduta como racional: pode ser o bem-estar alheio ou caçar e empalhar o último exemplar vivo de uma espécie à beira da extinção. Pelo contrário, a conduta normativa é aquela que se baseia em regras compartilhadas irredutíveis à racionalidade instrumental e que não sabemos muito bem como são criadas. É o tipo de conduta que rege nossa vida familiar e nossos círculos de afinidade.

Um exemplo dado por Jon Elster mostra-se particularmente esclarecedor. Imaginemos que Juan está disposto a pagar, no máximo, dez euros para um rapaz lavar seu carro. Ele se nega a pagar um centavo além disso. Se o rapaz pedir onze euros, ele preferirá dedicar meia hora a lavar ele mesmo seu carro. Imaginemos agora que um vizinho oferece vinte euros a Juan para ele lavar seu carro. Não é difícil imaginar que Juan, indignado, se recusará a fazer semelhante coisa. Esse misterioso impulso que leva Juan a renegar a cotação que ele mesmo fez de seu tempo – meia hora a onze euros – é uma norma social.

Como a distinção entre normas e racionalidade instrumental é básica, tendemos a entendê-la como uma dicotomia exaustiva. Na realidade, é muito mais sensato pensá-la como extremos de um contínuo. As normas com dimensões utilitárias muito evidentes têm um componente instrumental. Por exemplo, como as relações familiares são um elemento central nas economias tradicionais, o dote costuma ter muita importância no momento de estabelecer um laço matrimonial. Isso não ocorre porque os antigos eram frios, interesseiros e incapazes de desenvolver relações afetivas com seus cônjuges, mas porque não faziam uma distinção terminante entre o familiar e o econômico. A paradoxal consequência disso é que a economia, no sentido em que a entendemos hoje, tinha muito menos peso na vida das pessoas e que as relações familiares estavam mais protegidas. No outro extremo, costumamos pensar que as normas morais se depreciam quando incluem algum elemento instrumental. Confiamos menos na veracidade de uma testemunha que fala em troca de alguma recompensa do que na de quem oferece seu depoimento mesmo quando acarreta algum prejuízo.

Os economistas ortodoxos tentam explicar tudo o que podem em termos de conduta instrumental. A razão disso é que ela é mais simples. Em última instância, responde a uma lógica muito elementar. Para se comportar segundo os termos estritos da racionalidade instrumental – escolher os meios considerados idôneos para um determinado fim –, basta um programa de computador muito simples. A partir dessa lógica básica, é possível realizar cálculos matematicamente muito elaborados e de duvidosa utilidade (o que chamamos "economia acadêmica"). As normas, ao contrário, são muito sensíveis ao contexto e à interpretação e, pior ainda, não temos a menor ideia de como surgem.

Por isso, o dilema do prisioneiro é tão interessante. Trata-se de uma espécie de fábula que mostra o limite que um grupo de pessoas enfrenta quando seus membros regem sua conduta exclusivamente por critérios instrumentais individualistas. O dilema consiste em: se todos os membros de um grupo se comportarem como egoístas racionais, ficarão em pior situação do que se não o fizessem; por outro lado, da perspectiva instrumental, nenhum deles tem motivos racionais para deixar de se comportar como um egoísta racional. Se outros não cooperarem, então não fará sentido que o indivíduo coopere; e se outros o fizerem, o mais inteligente é aproveitar-se deles. Se ninguém pagasse à Receita Federal, seria absurdo eu pagar, porque meu sacrifício não serviria para nada; e se todos o fizerem, então também será absurdo pagar, porque posso viver à custa dos outros.

No mundo real, esse círculo vicioso não é frequente. A razão é que os grupos costumam estabelecer normas sociais ligadas à cooperação coletiva – "A Receita é de todos" e coisas assim – e instituições que forçam a colaboração e sancionam o esperto que parasita os demais – os fiscais da Receita. O problema é que já se provou que esse tipo de normas e instituições não pode surgir a partir do cálculo instrumental individual, pois implica uma radical mudança de perspectiva. A moral da história é que, sem dúvida alguma, em certas ocasiões a interação social mais eficaz é irracional do ponto de vista instrumental. As chamadas "soluções" ao dilema do prisioneiro tentam limitar ao máximo o número de normas não instrumentais necessárias para que, pelo menos em teoria, surja a cooperação.

Em termos gerais, o dilema do prisioneiro mostra com nitidez o contraste entre normas e racionalidade instrumental, e prova que certo tipo de individualismo extremo é muito restritivo. Se as coisas fossem como pressupõe o dilema do prisioneiro, não haveria sociedade tal como a conhecemos. A sociabilidade está relacionada com normas e instituições que não podemos reduzir a desejos e crenças individuais.

Como eu disse há pouco, a conduta instrumental é individualista, mas não necessariamente egoísta. Não faz muita diferença se, em meus raciocínios práticos, eu anteponho minhas próprias preferências ou as de outrem. Formalmente, a estrutura da escolha é a mesma. Por isso a conduta altruísta individualista é tão sujeita ao dilema do prisioneiro quanto a egoísta. Por exemplo, um casal de namorados assalta um banco, é preso e mantido incomunicável. A polícia só tem provas circunstanciais contra eles e, se nenhum dos dois confessar, só poderá condená-los a um ano de prisão. Se um deles confessar e o outro não, o confesso será condenado a dez anos e o outro sairá livre. Se os dois confessarem, o juiz está disposto a ser benévolo e pedir somente cinco anos de prisão para cada um. O casal se ama apaixonadamente e a prioridade de cada um é que o outro seja libertado, sem pensar em si mesmo. Nessa situação, ambos serão condenados a cinco anos. Não importa o que cada um fizer, a melhor opção do outro será confessar. Mas, desse modo, eles conseguirão um resultado pior para o outro do que aquele que conseguiriam cooperando para se salvar.

A conduta normativa, ao contrário, pode ser perfeitamente egoísta, insincera ou mal-intencionada. A pessoa acata as regras pela razão que for, isso é trivial; o que importa é que sejam acatadas. O que realmente se opõe ao egoísmo não é tanto o altruísmo, mas o compromisso. A ideia de compromisso remete ao modo peculiar como acatamos normas não redutíveis à racionalidade instrumental. Elas nem sempre estão relacionadas a graves decisões morais. Em um caso extremo, acatamos uma regra simplesmente para acatar uma regra. Por exemplo, aceitamos as regras de etiqueta à mesa sem nos perguntarmos muito para que servem. Fazemos assim porque é assim que se faz: as normas nos prendem a determinadas condutas. Acatamos as normas com gosto ou sem ele, o que é crucial é a obrigação com que elas nos comprometem, e não o prazer que nos proporcionam ou as crenças a elas vinculadas. Como disse Tony Soprano a seu filho adolescente quando ele atravessava uma fase de niilismo nietzschiano e se negava a ir com a família a um serviço religioso: "Pode até ser que Deus tenha morrido, mas você vai beijar o cu dele mesmo assim". Jon Elster dá um exemplo histórico mais elaborado:

> Na etapa "madura" do comunismo, [...] todo mundo sabia que ninguém acreditava nos princípios da ideologia oficial, e, no entanto, todo mundo se via obrigado a falar e se comportar como se acreditasse [...]. O motivo dos líderes para obrigar as pessoas a fazerem absurdas declarações em público não era fazê-las acreditar no que diziam, mas induzir um estado de cumplicidade e de culpa que minasse sua moral e sua capacidade de resistência. Com efeito, elas se sentiam tão vazias de individualidade que, como disse uma mulher da antiga Alemanha Oriental, "eu não podia de repente 'falar abertamente' ou 'dizer o que pensava'. Nem sequer sabia muito bem o que pensava"[18].

18 Jon Elster, *Rendición de cuentas*, Buenos Aires: Katz, 2006, p. 133.

Muitas relações de compromisso incentivam fortemente o altruísmo. Por isso, muitas vezes se confundem as duas noções. Mas, se o compromisso normativo não depende do altruísmo, do que depende, então? Basicamente, das relações pessoais e das instituições. Tanto as relações pessoais como as instituições limitam o desejo, as possibilidades, as oportunidades e os benefícios da deserção, seja ela o aproveitamento egoísta do esforço alheio a resistência moral a uma situação injusta.

Porque a verdade é que, quando acatamos uma regra, não somos autômatos irracionais e podemos trabalhar sobre várias alternativas, entre elas a de não acatá-las ou a de acatá-las parcialmente. Além disso, as normas não costumam ser unívocas nem claras, e sim profundamente contextuais. Podemos nos autoenganar para pensar que não estamos descumprindo a norma ou que se trata de uma infração menor ou justificada. Por isso, muitos sistemas de normas incluem procedimentos de aplicação e mecanismos de supervisão. Nessa linha: "mate seu primogênito no solstício do verão com um machado de sílex, caso contrário a assembleia de homens justos lapidará os dois". O conjunto de normas, procedimentos e supervisão é mais ou menos o que denominamos "instituição", isto é, uma maneira codificada de fazer algo, que não se deve confundir com uma organização ou uma comunidade (ou seja, um ator coletivo).

A relação entre normas e instituições é bastante clara, enquanto a relação entre normas e comunidades é bem mais obscura. Em geral, existem normas relacionadas a comunidades empíricas, em que as relações pessoais costumam ser importantes, e normas relacionadas a comunidades abstratas. Neste último caso, a comunidade pode até não ser mais do que um conjunto de normas. A sociologia clássica falava em organizações primárias e secundárias. Na realidade, é uma distinção problemática e certamente, aqui de novo, o mais razoável seria entender a coisa como um contínuo. Em um extremo estariam as práticas sem relação com uma comunidade percebida, como as boas maneiras à mesa ou as normas que regulam o comportamento nas filas. No outro, as práticas incondicionais, com um forte componente afetivo, como as relações familiares. Nosso compromisso com as primeiras é mais fraco do que com as segundas, no sentido de que muitas vezes as acatamos simplesmente porque não há chances nem incentivos para não fazer isso.

A maioria das pessoas participa de muitos conjuntos de regras. Mas o aspecto característico das sociedades simples é que esses círculos podem ser ordenados em uma hierarquia compreensível, talvez imaginária ou baseada no autoengano, mas pelo menos coerente. Existe uma conexão entre os vários níveis de regras e compromissos.

O típico da modernidade, ao contrário, foi a confusão. Quando os sociólogos descrevem nossas sociedades como individualizadas, isso na realidade não é de todo correto. A maioria de nós está desesperadamente comprometida com organizações, sobretudo empresas. Poucas igrejas ao longo da história contaram com uma entrega tão grande de fiéis como nós, trabalhadores assalariados. Mas esses círculos de lealdade são extremamente intrincados. Damos o sangue por organizações às quais só nos deveria unir o frio interesse e descuidamos dos círculos íntimos que, no entanto, elogiamos com níveis de sentimentalismo que qualquer nascido antes do século XIX acharia profundamente açucarados. Nesse sentido, também não é muito acertada a definição de nossas sociedades como complexas, quando seria mais exato denominá-las "confusas".

A solução que encontramos para lidar com essa realidade tão obscura é a burocracia, no sentido que Max Weber lhe deu. Delegamos a especialistas a elaboração de códigos explícitos e impessoais para regular certos aspectos da cooperação social. Para que essa regulação seja possível, algumas instituições são dotadas de capacidade coercitiva. A diferença entre essas formas de cooperação burocrática e as regras tradicionais não é tanto o tipo de regulamentação, mas o nível de envolvimento pessoal, baixo nas primeiras e alto nas segundas. É isso que distingue um exército moderno baseado na remuneração ou o recrutamento em massa de, digamos, o sistema de regras que transformava os atenienses livres em *hoplitas*, cidadãos-soldados que participavam do fornecimento comum de segurança militar. A dissolução do compromisso não é, necessariamente, ruim. Queremos realmente ter o mesmo grau de envolvimento com o

Canal de Isabel II[19] que um agricultor valenciano em seu sistema de irrigação tradicional?

A economia ortodoxa pressupõe que a racionalidade instrumental é a estrutura básica do comportamento humano. Contudo, uma descoberta curiosa da psicologia experimental dá conta de que um dos poucos grupos que respondem de forma sistemática a esse padrão são... os economistas, professores de economia e estudantes de economia. A enorme influência dessa compreensão da conduta humana historicamente exótica e moralmente tóxica está relacionada ao poder exagerado que atribuímos às poucas pessoas para as quais ela é relevante. Algo sobre o qual temos certa experiência no Ocidente. Afinal de contas, durante muito tempo a moral sexual dominante foi estabelecida por religiosos que haviam optado pelo celibato.

A cooperação na internet demonstra, caso alguém ainda tivesse alguma dúvida, não ser verdade que somos sistematicamente egoístas. Muita gente escolhe compartilhar e dedicar seu tempo a outros quando os incentivos ou a pressão social para fazê-lo são muito escassos. Na rede, a preocupação com o próximo pode ser infinitamente ocasional, não está ligada a nenhuma estrutura normativa estável. À primeira vista isso não teria por que ser necessariamente um problema. E mais: parece resolver um dilema característico das sociedades complexas.

Para muita gente, o capitalismo não apenas tem graves falhas materiais ou sociais. Também implica um problema geral ligado ao tipo de motivação que exige: medo, egoísmo, competição... O mercado permite a coordenação de alguns esforços humanos sem a necessidade de que existam relações de dependência. Os resultados são – para sermos generosos – ambíguos. Mas, sem dúvida, é verdade que contribuiu para romper com o lastro de algumas tradições opressoras e, em geral, para promover certo tipo peculiar de independência e liberdade individual. O preço a pagar é a mutilação de algumas características que costumamos considerar importantes nas pessoas, como a preocupação

---

19 Empresa pública espanhola responsável pela gestão dos mananciais e pelo fornecimento de água na região de Madri. [N.T.]

com o outro. O ambiente digital, por seu lado, caracteriza-se por um individualismo e um anonimato muito semelhantes aos do mercado, mas sem nos obrigar a ignorar o próximo. Na internet, podemos ser mônadas individuais, mas nem por isso estamos condenados a ser egoístas racionais.

Há, no entanto, uma restrição crucial. No contexto digital, a cooperação depende do altruísmo, entendido como uma escolha individual, e não do compromisso, entendido como uma norma social. O compromisso cooperativo não resulta do simples fato de participarmos do ambiente digital. É algo que podemos ou não preferir e para o que temos de encontrar razões. Uma história pode esclarecer essa diferença.

Um grupo de professores, do qual eu fazia parte, costumava tomar café no meio da manhã. Sem nenhuma combinação explícita, tínhamos adquirido o hábito de que a cada dia a conta fosse paga por um de nós. Não havia um rodízio rigoroso, a cada dia um colega se oferecia para pagar, e o resultado era aproximadamente rotatório. Tratava-se de uma quantia pequena, e ninguém se importava muito se não havia uma proporcionalidade exata nas contas. Mas era impossível não reparar que uma professora nunca se oferecia para pagar. Com o passar dos meses, a situação foi ficando cada vez mais constrangedora. Ninguém tomava a iniciativa de recriminá-la por sua atitude. Afinal, não havia nenhum acordo formal para mantermos aquele rodízio. Até que, um dia, quando uma colega se preparava para pagar a conta, ouvimos a professora avarenta dizer: "Espere, espere, que vocês sempre pagam". "Ah, até que enfim", pensei, "ela percebeu que tem de pagar a conta de vez em quando". Mas, para minha surpresa e, até certo ponto, admiração, ela completou em tom decidido: "Hoje, cada um paga o seu".

A professora avarenta negava-se a reconhecer que estava participando de um sistema de normas cooperativo baseado na reciprocidade (um acordo frequente em muitas sociedades tradicionais). Para ela tratava-se de uma questão de altruísmo, de preocupação pelo outro e, portanto, de uma escolha pessoal que ela podia administrar conforme sua motivação. Ela não queria pagar o café para ninguém, sua preocupação com o próximo limitava-se a impedir que outros gastassem seu dinheiro com ela.

Na mesma linha, normalmente ninguém avalia a quantia que a pessoa decide doar para uma causa nobre: a partir do primeiro euro doado, já se é altruísta. Já a conduta cooperativa regrada costuma ter limites mínimos. Se eu tirar umas folhinhas da grama que há em frente à minha casa, não estarei cooperando com os trabalhos de limpeza pública da minha cidade. De fato, um gesto como esse seria visto como uma provocação. Havia um mendigo que pedia dinheiro na porta de um supermercado perto da minha casa que, quando alguém tentava lhe dar algumas moedas de centavos, afastava a mão e exclamava ofendido: "Eu não pego cobre!".

A ideia de que existem limites mínimos bastante rigorosos para a cooperação comporta um conhecido desafio para a teoria da racionalidade padrão. O exemplo experimental mais famoso a esse respeito é o jogo do ultimato. Trata-se de uma situação entre duas pessoas que não se conhecem e que nunca mais voltarão a se encontrar. O primeiro jogador propõe a divisão de uma determinada soma de dinheiro com o segundo. Se este recusar a oferta, ninguém conseguirá nada. Se ele a aceitar, o dinheiro será dividido conforme a proposta do primeiro jogador. Por exemplo, entregam-se cem euros aos dois jogadores para que os dividam. Cabe ao jogador A decidir como dividir o dinheiro. Se o jogador B aceitar a proposta, cada um embolsará o combinado; se a recusar, os dois ficarão de mãos vazias. Segundo a racionalidade econômica, A ofereceria a menor quantia possível, ou seja, um centavo, e B aceitaria a oferta, já que um centavo é melhor do que nada (uma espécie de *take the money and run*). Mas o que se constatou foi que, na maioria dos casos, A oferece uma quantia significativa, próxima da metade, e B recusa as propostas muito abaixo da metade. O experimento foi repetido em vários contextos culturais com resultados muito semelhantes[20]. Na internet, porém, assim como no mercado, a ausência de limites mínimos é perfeitamente aceita. O *crowdfunding* baseia-se justamente na lógica do *take the money and run*.

---

20 Kwame Anthony Appiah, *Experimentos de ética*, Buenos Aires: Katz, 2011, p. 167 ss.

Do mesmo modo, a necessidade de buscar razões para o comportamento cooperativo é socialmente excepcional. Muitos sistemas de regras incluem condutas altruístas. Mas o que é fundamental nas regras é, justamente, não exigirem razões para serem acatadas. De fato, a busca de razões para além de certo ponto costuma implodir os sistemas de regras, como bem sabem os teólogos. Se eu me perguntar séria e sistematicamente por que não posso tomar o nome de Deus em vão, tenho grandes chances de chegar a uma resposta cética. Se eu me perguntar a sério se devo pagar impostos, é provável que acabe preso por sonegação fiscal.

Chegando a certo ponto, acatamos as regras, e pronto. Como explica o filósofo John Searle, eu não posso entrar em um bar, tomar uma cerveja e dizer ao garçom: "Olhe, estive pensando bem enquanto bebia e, vou ser bem sincero, concluí que não tenho a menor vontade de pagar". Entrar em um bar nos compromete com um sistema de normas que inclui pagar pelo consumo, independentemente da nossa vontade de fazê-lo. Do mesmo modo, para sorte dos recém-nascidos, não precisamos gostar de trocar as fraldas dos nossos filhos. Comprometer-se a cuidar de uma criança implica esquecer os desejos ou as preferências e praticar a conduta aproximadamente adequada de forma recorrente.

Na internet não há nenhum sistema de regras que me interpele dessa maneira. As iniciativas de colaboração digital foram muito imaginativas ao desenvolver normas de funcionamento inteligentes e eficazes. O *software* livre, a Wikipédia e o P2P têm muito a ensinar às comunidades analógicas acerca da inovação institucional. Mas não há comunidades empíricas digitais que nos comprometam em sentido estrito. Por isso, volta e meia surgem mensagens de Jimbo Wales exortando-nos fundamentadamente a doar dinheiro para a Wikipédia. Parece muito civilizado, mas a realidade é que, se o cuidado com os outros dependesse da motivação, a sociabilidade seria impossível.

A maior parte das cooperativas profissionais bem-sucedidas no mundo analógico tem um forte arraigamento comunitário. A Corporação Mondragón é um dos maiores projetos cooperativos do mundo e um dos dez grupos empresariais mais importantes da

Espanha, agrupa 280 empresas e tem grande projeção internacional. Mesmo assim, está muito implantada geograficamente em torno da vila basca de Mondragón, com uma rede integrada de centros de pesquisa, formação profissional e até uma universidade cooperativa.

O que o caso de Mondragón indica é que a cooperação estável é mais um ecossistema que um cálculo de custo-benefício. Para o bem e para o mal (e muitas vezes é para o mal), isso tem que ver com a identidade pessoal e social, com aquilo que define o tipo de pessoa que somos e que aspiramos ser. Na internet, isso mal existe. A razão é que nela não é muito difícil romper a interação social. Se eu sabotar sistematicamente as conversas em um fórum, o máximo que poderá me acontecer é ser expulso. Existem plataformas como eBay (no Brasil, MercadoLivre), Digg ou Menéame, que dispõem de ferramentas sociais para os usuários se avaliarem mutuamente e estabelecerem sua reputação. Uma conduta destrutiva poderia arruinar minha identidade digital nesses fóruns e talvez obrigar-me a renunciar ao *nick*. Mas é difícil comparar isso com a reprovação de nossos pares no mundo analógico e com o modo em que isso afeta a consideração que temos de nós mesmos. As únicas ocasiões em que o custo aumenta é quando uma represália maciça afeta meu eu analógico. O chamado "efeito Streisand" é mais que uma anedota. Significa que os efeitos sociais similares aos de uma comunidade analógica que a internet pode gerar são basicamente os de um linchamento em massa.

O interessante não é tanto que não existam mesmo compromissos normativos fortes na internet, como que parece haver boas razões para pensar que não podem existir de forma sistemática. Do mesmo modo, não existe nem pode existir na internet nada parecido à estrutura burocrática. Não se trata de uma impossibilidade fática. Algum governo poderia até tentar fazer isso, certamente a um custo altíssimo. Mas o resultado seria outra coisa diferente da rede tal como a conhecemos, em que a descentralização é fundamental.

O custo a pagar pela combinação de independência e cooperação características de internet é que ela não pode ser um polo de autogoverno em sentido forte. Praticamos o altruísmo anônimo enquanto implicar compromissos marginais. Muitas vezes, a produção de conteúdos livres na internet é parasitária, no sentido de que depende de que existam outras fontes de sustento e de tempo livre. Como diz a piada, a melhor forma de ganhar dinheiro com *software* livre é trabalhar como garçom. Ninguém está disposto a arriscar a vida, em sentido amplo, com uma massa anônima e potencialmente volúvel que nem sequer reconhece os elementos básicos da reciprocidade antropológica.

Com toda razão, muitos dos que cooperam na internet não se reconhecerão nesse retrato. É gente que se considera honestamente comprometida com a difusão do conhecimento e do bem-estar. Com certeza, sua atividade cooperativa é uma parte importante de suas vidas. Alguém me contou que em uma das primeiras viagens de Richard Stallman à Espanha tentaram presenteá-lo com alguns CDs de grupos locais. Ele explicou muito gentilmente que não podia aceitar o presente, porque não queria possuir nenhum material com licenças restritivas.

O problema não é a integridade ética, o sentimento de envolvimento pessoal ou a coerência, e sim a existência de sistemas de normas que de fato regulem coletivamente a atividade cooperativa de forma estável e eficaz sem condená-la às vicissitudes da escolha pessoal. Creio que muita gente, no fundo, intui essa limitação, por isso a expressão "bens comuns", ou *commons*, aparece com tanta frequência no jargão do ciberativismo.

Os *commons* são os recursos e serviços que em muitas sociedades tradicionais são produzidos, administrados e utilizados em comum. Podem ser pastos ou lavouras, recursos hídricos, bancos de pesca, áreas de caça, tarefas ligadas à manutenção das estradas, a colheita, a olaria ou o cuidado das pessoas dependentes... Isso recebeu um sem-fim de nomes ao longo da história: *común, commons, tequio, procomún, minka, andecha, auzolan*[21]. Na teoria social contemporânea, são em geral denominados recursos de uso comum, ou RUC. Os ciberativistas insistem em que existe uma semelhança ao menos formal entre essas formas seculares de cooperação e a redação de um artigo para a Wikipédia, a programação de *software* livre ou a legendagem altruísta de filmes ou séries de televisão. Isso

---

21 Em português, mutirão. [N.E.]

é razoável? Por que os bens comuns seriam conceitualmente importantes em um ambiente tão diferente do seu contexto original?

A discussão remonta a um conhecido artigo de Garrett Hardin, "A tragédia dos comuns", que explica como a gestão dos recursos de uso comum implica um dilema. Em resumo: se vários indivíduos agindo racionalmente e motivados por seu interesse pessoal utilizam de forma independente um recurso comum limitado, acabarão por esgotá-lo ou destruí-lo, por mais que isso não convenha a ninguém. Trata-se de uma versão do dilema do prisioneiro. As duas soluções ortodoxas que em geral são propostas para essa tragédia dos comuns são, alternativamente, a privatização ou a burocratização. A ideia é que a privatização do recurso comum faz com que cada proprietário vele pela preservação da parte que lhe corresponde, pois assim não temerá que outros coproprietários vivam à custa de seus esforços. Na gestão burocrática, uma agência externa se encarrega da gestão do recurso e fiscaliza a distribuição penalizando os infratores.

Uma resposta habitual, e não muito boa, é que Hardin faz uma petição de princípio. O dilema dos comuns só surgiria se os atores implicados se comportassem como egoístas racionais modernos, e não como habitualmente fazem os membros das comunidades tradicionais em que existe esse tipo de propriedade coletiva. Na realidade, Hardin tinha uma visão muito mais dinâmica do problema do que em geral se reconhece. É verdade que ele não entra em sutilezas históricas (era um zoólogo malthusiano), mas não é difícil reinterpretar sua proposta em termos sociologicamente mais precisos: os *commons* podem sobreviver em uma sociedade complexa, ou seja, em um ambiente desregulado?

Assim, apesar do que se costuma dizer, a economista Elinor Ostrom não refutou Hardin. Mais do que isso, o que ela fez foi outra pergunta igualmente interessante. Como puderam os bens comuns sobreviver nas sociedades tradicionais? Os membros das sociedades neolíticas não eram heróis morais nem idiotas, que ficaram cegos por um coletivismo de carneiros. Eles sabiam distinguir, ao menos tão bem como nós, seu próprio interesse individual, o de suas famílias e o da coletividade, e muitas vezes deviam se sentir tentados a não cumprir as regras. Na realidade, o enigma está em a tragédia dos comuns não ter ocorrido com mais frequência. Dito de outro modo, o que surpreende é terem existido sistemas comunais incrivelmente estáveis de gestão de recursos coletivos que durante séculos não precisaram de agências coercitivas externas para sobreviver.

Por meio de uma ambiciosa pesquisa empírica, Ostrom estabeleceu as condições institucionais, nas quais é mais provável que surjam acordos comunitários eficazes e estáveis sobre os recursos de uso comum. Trata-se de uma estrutura organizativa muito sofisticada que as comunidades tradicionais desenvolvem por meio de um processo evolutivo:

> As instituições [que regulam os recursos de uso comum] podem ser definidas como conjuntos de regras em uso que se aplicam a determinar quem tem o direito de tomar decisões em certo campo, as ações que são permitidas ou proibidas, as regras de filiação a usar, os procedimentos a adotar adotados, a informação que deve ou não ser facilitada e as retribuições concedidas ou não aos indivíduos conforme suas ações. [...] Não seria exato falar em uma "regra", a menos que a maioria das pessoas cujas estratégias seriam afetadas saiba de sua existência e entenda que os outros fiscalizam o comportamento e sancionam o descumprimento. Em outras palavras, as regras em uso são de conhecimento comum, e são fiscalizadas e aplicadas[22].

Adicionalmente, Ostrom propôs alguns "princípios de desenho" característicos de instituições de longa duração dos recursos de uso comum[23]. Basicamente, os indivíduos ou famílias que serão afetados pelo sistema de regras devem ser definidos com clareza; as regras de apropriação e provisão têm de ser coerentes com o contexto local; os participantes devem estar em condições de modificar os acordos de escolha coletiva; devem existir formas de vigilância, sanções graduadas e mecanismos para a resolução de conflitos; por último, é necessário um reconhecimento mínimo de direitos de organização e devem ser possíveis as entidades coletivas aninhadas.

---

[22] Elinor Ostrom, *El gobierno de los bienes comunes,* México: Fondo de Cultura Económica, 2011, p. 109.
[23] *Ibidem*, pp. 165 ss.

Muitos sistemas RUC que tinham essas características conseguiram resultados tão bons ou melhores do que aqueles aos quais se chegou mediante a concorrência individual ou através da gestão por parte de uma agência pública. São produto de uma evolução lenta, mas não são acidentais, nem resultado da mera tentativa e erro. Ou seja, não se trata de uma submissão irrefletida à coletividade nem de um altruísmo incondicional. De fato, os exemplos que Ostrom analisa costumam incluir processos deliberativos de longo prazo que abrangem um amplo leque de motivações.

A limitação da análise de Ostrom resulta de que ela estuda principalmente comunidades tradicionais. Muitas delas encontraram normas elegantes e eficazes para fazer frente a seus problemas de organização. É aceitável estabelecer uma analogia com o contexto cooperativo digital atual? Numa palavra: não. Na internet que conhecemos, não ocorre nem pode ocorrer praticamente nenhuma das condições que apontadas por Ostrom.

1. Os sistemas de gestão de recursos comuns com limites bem definidos são raros no ambiente digital. Poucas vezes se sabe exatamente quais pessoas ou coletivos têm direito a extrair unidades de um recurso e quais assumem seu fornecimento. A Wikipédia, por exemplo, é um ambiente aberto, onde o perfil dos colaboradores é muito heterogêneo: enciclopedistas estáveis, colaboradores eventuais, *trollers*, pessoas muito beligerantes que somente participam de áreas de seu interesse pessoal (em questões ligadas a sua ideologia política, por exemplo)... Essa é uma fonte de problemas reais que se tentou limitar, por exemplo, impedindo que os anônimos possam criar novos verbetes. Há umas poucas comunidades extremamente fechadas – digamos, um fórum de pedófilos ou de *crackers* –, em que a confiança é um elemento importante. Mas é significativo que, em geral, estejam associadas a comportamentos criminosos. Elas desenvolvem um compromisso negativo – por analogia com o conceito de liberdade negativa, de Isaiah Berlin – que não surge da corresponsabilidade, e sim da participação em um jogo de soma negativa: se eu perder, você perde.

2. Nos RUC, existe uma grande coerência entre as regras de apropriação e provisão e as condições locais. Em uma comunidade de recursos hídricos, a água é distribuída de maneira diferente em anos de seca e em anos chuvosos. Os meios digitais são, por sua própria natureza reprodutiva, expansionistas e pouco sensíveis ao contexto: tendem ao encapsulamento. Como já assinalei, um motivo de debate habitual entre programadores e escritores é que o *copyleft* estrito, típico do *software* livre, é uma licença tecnicamente pouco problemática para os trabalhos funcionais, como um dicionário ou um manual, mas não tão boa para as obras criativas. A livre difusão de obras na rede pode ser rentável para artistas que têm outras fontes de remuneração, como as apresentações ao vivo, mas catastrófica para os que não dispõem dessa opção, como os atores de cinema. O encapsulamento impede também que a maioria dos indivíduos afetados pelas regras do sistema possa participar de sua modificação, outra característica dos RUC estáveis. A ausência de laços comunitários faz com que os acordos de escolha coletiva sejam muito onerosos em um contexto distribuído. Por isso, muitos projetos cooperativos começam como uma iniciativa criada por um pequeno grupo, às vezes uma só pessoa, que estabelece as regras e com o tempo recebe a adesão de outras pessoas. É por isso também que nos ambientes cooperativos digitais há tantas figuras prestigiosas – como Lawrence Lessig ou Linus Torvalds – cuja influência vai além dos méritos intelectuais e entra totalmente no terreno da autoridade carismática.

3. Nos RUC, os apropiadores que violam as regras são sancionados por outros usuários ou por funcionários especializados. Também há mecanismos rápidos para resolver conflitos. Na internet, o monitoramento e as sanções graduadas são extremamente onerosas e ineficazes, porque as regras são pouco claras e as dimensões enormes. Existem sistemas de supervisão tanto social (a pontuação dos comentários das notícias em um meio digital) como hierarquizada (os bibliotecários da Wikipédia ou o moderador de um fórum). Ambos são tão falhos como seria de se esperar, e as acusações recíprocas de "trollagem" e censura – com o acréscimo dos linchamentos em massa – são um elemento intrínseco das redes sociais.

4. Os RUC mais complexos caracterizam-se por estarem organizados em vários níveis de entidades aninhadas. A ideia de rede distribuída contradiz essa ideia. Há alguns reconhecimentos mínimos de direitos de organização, mas são muito frágeis e pouco eficazes. Existem, por exemplo, as fundações Wikimedia e Free Software, mas a relação que mantêm com os projetos a que remetem é em grande medida prescritiva.

Esse conjunto de limitações excede o ambiente digital. Muita gente hoje defende uma economia dos bens comuns como alternativa ao capitalismo neoliberal. Parecem acreditar que é possível estar comprometido com o *common* em geral sem prever sistemas de normas concretos que regulem os bens e serviços sujeitos a esse regime. É um erro. O que Ostrom demonstrou é que participar de um recurso comum é exatamente o mesmo que acatar as normas que regulam sua gestão, assim como jogar xadrez é acatar o sistema de regras do xadrez. Esses sistemas podem incluir especializações e diversas formas e níveis de participação, mas não um simples apelo a uma solidariedade genérica ou a um compromisso com o público em geral. Os recursos de uso comum se distinguem tanto da gestão privada como da administração estatal.

Quem considera que a economia dos recursos comuns é compatível com as sociedades complexas tem de sustentar, ao mesmo tempo, que existem normas relativas a provisão, distribuição e supervisão de bens comuns compatíveis com um alto grau de anonimato e de fragilidade das relações sociais empíricas. Nas sociedades modernas, ampliam-se muito as oportunidades e a motivação para tornar-se um parasita, e também a complexidade dos problemas a resolver. Existem limitações cognitivas, e não só institucionais, à participação em massa na gestão de numerosas organizações importantes, desde a unidade de oncologia de um hospital até o fornecimento de água potável de uma grande cidade.

A impossibilidade técnica de participar do núcleo decisório de um sistema de gestão de recursos de uso comum poderia ser um limite importante. Tendemos a atribuir mais sentido àqueles bens e serviços de cuja produção participamos e cuja finalidade entendemos. Quanto mais marginal nossa participação nesse processo, mais difícil nos sentirmos envolvidos nele. Por isso, as tentativas bem-intencionadas de estabelecer ortopedias participativas em processos burocratizados e tecnicamente complexos costumam fracassar. Os orçamentos participativos ou as consultas aos moradores a propósito de uma reforma urbana consomem muito tempo e energia. Contudo, mantêm os usuários em um lugar periférico no que toca à atividade efetiva de uso, gestão e provisão dos bens ou serviços em questão.

A moral dessa história é que a administração dos *commons* é indissociável de uma aposta comunitarista em um sentido bem tradicional. As relações comunitárias densas e contínuas são essenciais para a sobrevivência de sistemas de normas em que a tentação de fraudá-lo seria muito forte se a interação fosse anônima e descontínua. A própria Ostrom ressalta esse fato quando aponta as debilidades dos modelos da escolha racional para compreender os RUC:

> Esses modelos estão longe de ser úteis para caracterizar o comportamento dos apropriadores nos RUC de pequena escala [...]. Nessas situações, os indivíduos se comunicam repetidamente entre si em um marco físico localizado. Assim é possível aprenderem em quem confiar, que efeitos suas ações terão sobre outros e sobre os RUC e como se organizar para obter ganhos e evitar prejuízos. Depois que os indivíduos vivem nesse tipo de situação durante um tempo considerável e desenvolvem normas compartilhadas, possuem um capital social com o qual podem construir acordos institucionais para resolver os dilemas dos RUC[24].

Uma das chaves dos RUC é aquilo que Ostrom denomina "criações autoincrementais", que se dão no processo de elaboração das instituições que os regulam. A ideia é que o processo de criação institucional deflagra uma dinâmica de aprendizagem que retroalimenta as próprias instituições. Por outro lado, embora as tecnologias da informação facilitem em muito a comunicação e a difusão, suas características institucionais (intermitência, ausência de um ambiente de deliberação pacífico...) fazem com que as iniciativas cooperativas se deparem com contradições.

24 Elinor Ostrom, *op. cit.*, p. 311.

Os ciberfetichistas consideram que, na rede, mudam as regras do jogo. Acreditam que as tecnologias da comunicação geram um tipo de sociabilidade peculiar a partir do cruzamento de ações individuais fragmentárias. A cooperação seria a coincidência em um espaço comunicativo puro de indivíduos ligados apenas por interesses semelhantes: a programação de *software*, as questões legais, as preferências pessoais, a busca de relações sexuais, a criação artística, a redação coletiva de artigos para uma enciclopédia... Não uma comunidade baseada em laços pessoais ou um projeto de vida comum.

É um pouco como a realização da fantasia burguesa de um contato social parcelado que não interferisse no âmbito privado, a velha aspiração de que a atividade pública econômica, política ou cultural se desenvolva em compartimentos estanques que não comprometam seus participantes além da própria atividade. Também há uma grande congruência com a percepção da sociabilidade segundo a teoria da ação racional. Para os economistas, a cooperação que não nasce do cálculo egoísta ou da preferência individual pelo altruísmo é um fenômeno problemático até em suas versões mais triviais. Por exemplo, a colaboração consigo mesmo – que a maioria de nós dá como certa, exceto no caso de grave doença mental – é uma fonte de dilemas. Um caso bem conhecido é o paradoxo do fumante. Como cada cigarro pressupõe uma contribuição infinitesimal a uma possível doença futura, o fumante nunca tem motivos racionais para não fumar um cigarro num dado momento, já que o dano provocado por cada cigarro é menor que o benefício que este lhe proporciona. Contudo, a soma de todos esses atos causa um prejuízo total – uma doença mortal – que excede os benefícios totais, daí o paradoxo.

A razão dessa limitação da teoria da escolha racional reside em que concebe a identidade empírica cotidiana, nosso "eu" real, como uma coletividade. Como se o eu do fumante atual fosse diferente daquele que tenta abandonar o hábito ou do doente de enfisema que se arrepende de seus anos de tabagismo, independentemente de ser a mesma pessoa que experimenta todos esses estados ao longo da vida. Assim, a perspectiva correta da própria vida seria a do momento presente. O eu técnico da teoria da escolha racional é um ponto vazio atemporal que deve ser reatualizado constantemente para não cair na incoerência formal. Obviamente, os indivíduos reais não são assim. Estamos comprometidos com normas e instituições que regulam nossa conduta à margem de nossas preferências pontuais. E essa é a base de nossa atividade social. Por isso os economistas têm tantas dificuldades para explicar o surgimento de instituições como os recursos de uso comum, que deveriam ser irracionais, mas que na realidade se mostram muito eficazes.

Na internet, ao contrário, a sociabilidade não parece violentar os princípios da teoria da ação racional. Os computadores são uma forma que obriga as pessoas a se comportarem como indivíduos fragmentários. Os projetos cooperativos cibernéticos baseiam-se em procedimentos técnicos aparentemente indiferentes às identidades pessoais empíricas. O anonimato e a imediatez permitem colaborar, compartilhar e integrar uma comunidade digital quando – e se – a pessoa quiser, e com a personalidade que quiser. A tecnocooperação parece o produto de uma série aleatória de decisores racionais perfeitos sem mais passado ou futuro que o de suas preferências presentes. As tecnologias da comunicação criam um véu ideológico que torna isso possível. Decompõem a personalidade empírica em uma série de identidades compartimentadas e, sobretudo, oferecem um mecanismo técnico para recompor a atividade social por meio de mecanismos de participação.

Nesse sentido, a internet desempenha uma função análoga à do mercado de trabalho: é um dispositivo pragmático para libertar a atividade cooperativa – cognitiva em um caso, trabalhista em outro – das condições institucionais em que tradicionalmente se desenvolveu. Um procedimento para reduzir a uma transação formal um tipo de vínculo que em todas as sociedades precedentes se baseou em relações de dependência mútua coletiva. As tecnologias da comunicação permitem a ficção de um novo tipo de comunidade, um novo modelo de organização social composto de fragmentos de ego, de infinitésimos de identidade pessoal, do mesmo modo que a Wikipédia é elaborada a partir dos infinitésimos de erudição que cada participante possui.

Na realidade, a cooperação na rede se assemelha a uma comunidade política tanto quanto uma grande empresa se assemelha a uma família extensa. A internet é a utopia pós-política por excelência. Baseia-se na fantasia de que deixamos para trás os grandes conflitos do século XX. Os pós-modernos imaginam que as mudanças culturais e simbólicas nos afastam do crasso individualismo liberal, para o qual o interesse egoísta em seu sentido mais grosseiro era o motor da transformação social. E imaginam também que superamos a aposta em um Estado benfeitor que resolve alguns problemas, mas sufoca a criatividade em um oceano de fosca burocracia. Imaginam um mundo cheio de empreendedores ciosos de sua individualidade, mas criativos e socialmente conscientes. Onde o conhecimento será o principal valor de uma economia competitiva, mas limpa e imaterial. Onde os novos líderes econômicos terão mais interesse no surfe do que nos iates, nas madalenas caseiras do que no caviar, nos carros híbridos do que nos esportivos, no café orgânico do que no Don Pérignon.

Portanto, os ciberfetichistas não estão simplesmente errados. Eles encontraram uma solução falsa para um problema real. O dilema dos bens comuns em uma sociedade complexa é uma versão estilizada do dilema ético fundamental da esquerda. Desejamos ser indivíduos livres e, ao mesmo tempo, fazer parte de uma rede de solidariedade e compromissos profundos e não meramente burocráticos. Queremos uma economia eficaz que nos permita optar entre diversas ocupações e incentive o talento para que todos nos beneficiemos dele. Mas não queremos um mercado de trabalho que nos obrigue a competir e que produza desigualdades.

É um dilema, porque cada um de nós gostaria de ter relações sociais eletivas, e não compulsórias, mas que todos os outros formassem uma sólida rede de solidariedade que nos protegesse e garantisse que a cooperação será contínua e não ocasional. É um pouco o que acontece conosco quando fazemos turismo. Viajamos a lugares que seriam maravilhosos se não fosse por toda essa gente que os invade porque decidiu, como nós, viajar a lugares maravilhosos. Dito de outro modo, a cooperação na internet nos devolve violentamente ao ponto de partida das tradições emancipatórias. A questão-chave é se poderemos recuperar algo do aprendido ao longo de mais de um século de tentativas de transformação social, ou se teremos que começar do zero.

segunda parte
depois do capitalismo

emancipação e mútua dependência

O ciberutopismo atualiza uma ideia muito presente nos movimentos revolucionários modernos: a superação da tutela comunitária tradicional e o surgimento de uma forma de relação social ao mesmo tempo solidária e respeitadora do livre desenvolvimento individual. A crítica da fantasia da rede a partir de uma perspectiva comprometida com a transformação política exige submeter a exame também o modo como a esquerda abordou esse problema fundamental. O milenarismo digital é uma resposta ruim a uma boa pergunta... assim como muitas concepções modernas da sociedade pós-capitalista.

O ciberfetichismo é atraente porque concebe nosso tempo como resultado de uma ruptura incruenta e fecunda com o passado. Segundo essa perspectiva, seríamos os afortunados herdeiros de certas transformações tecnológicas com importantes subprodutos sociais e potencialmente políticos. Mas a verdade é que o lastro daquilo que desejaríamos não mais carregar é pesado. A internet e o tecnoutopismo, mais que uma cortina de fumaça, são um bálsamo de irrealidade para uma herança histórica insuportável, em que a consistência da realidade parecia violentamente excessiva. A razão em marcha já não retumba[1], como diz o verso de *A internacional*, uma música ambiente suave e banal fluindo através dos fones de nosso iPod.

É difícil saber se nosso passado recente foi uma época mais desastrosa que outras. Imagino que deva ser mais ou menos a mesma

---

1 Citação do terceiro verso de *A internacional* na tradução castelhana: "Atruena la razón en marcha". [N.T.]

coisa morrer de fome ou de frio em uma aldeia centro-europeia do século XIII e morrer em um campo de concentração alemão ou russo, e que não deve haver lá grande diferença entre receber um banho de óleo fervente no cerco a uma fortaleza medieval ou ser bombardeado com napalm na selva vietnamita.

Se bem que, por outro lado, o modo como as grandes catástrofes e os desafios da nossa era chamam à mobilização em vez de à oração é historicamente único. São, ou nos parecem ser, resultado de ordenações sociais que fogem do nosso controle, mas que poderiam ser alteradas caso se dessem as condições adequadas. Slavoj Žižek expressou isso em seu contundente dialeto lacaniano:

> Ao contrário do século XIX dos projetos e ideais utópicos ou científicos, dos planos para o futuro, o século XX buscou a coisa em si – a realização direta da esperada Nova Ordem. O momento último e definidor do século XX foi a experiência direta do Real como oposição à realidade social diária – o Real e sua violência extrema como o preço a ser pago pela retirada das camadas enganadoras da realidade[2].

A retórica da imaterialidade, da fartura digital, da sociabilidade reticular e do pós-fordismo tenta ocultar que tudo continua mais ou menos como antes das duas guerras mundiais, da grande depressão, da crise do petróleo, da descolonização, da polarização dos blocos, da corrida nuclear e do neoliberalismo. Não no sentido de as pessoas continuarem a ter mais ou menos problemas – de novo, um aspecto difícil de avaliar –, mas de que os dilemas consolidados no passado continuam a nos acossar, por mais que finjamos não vê-los. Mais como o que ocorre em *O sexto sentido* do que em *Os fantasmas contra-atacam*. A mensagem que não queremos ouvir é que nossas esperanças ciberutópicas nasceram mortas.

* * *

2 Slavoj Žižek, *Bienvenidos al desierto de lo real,* Madrid: Akal, 2005. [*Bem-vindo ao deserto do real,* trad. Paulo Cezar Castanheira, São Paulo: Boitempo, 2003, p. 19.]

Há pouco mais de cem anos, manifestaram-se no Ocidente os efeitos combinados de um conjunto de dinâmicas sociais destrutivas, cuja origem remonta aos anos heroicos do capitalismo e que os países não europeus já haviam padecido. A superprodução sistêmica, os processos de expansão colonial, a crise dos sistemas políticos... A formação histórica do capitalismo produziu tensões sociais, econômicas e políticas de enorme envergadura que se espalharam por todo o mundo e eclodiram no período que vai de 1914 a 1989, nesse que às vezes é chamado "o curto século XX". Hoje, continuamos lidando com o mesmo *puzzle*, mas é como se tivéssemos coberto as peças com uma mão de pintura de cor alegre e motivos *high-tech*. O quebra-cabeça continua o mesmo, só que agora mais confuso e difícil de montar.

A verdade é que foi um dos períodos históricos mais sangrentos que conhecemos, ao menos em termos quantitativos. Calcula-se que entre 1900 e 1993 ocorreram 154 guerras que custaram a vida de mais de 100 milhões de pessoas, das quais 80% civis. O escritor Erri de Luca – que, aliás, diz se aborrecer muito quando alguém fala mal do século XX – costuma citar um poema de Mandelstam que capta muito bem o *zeitgeist* secular: "meu século, minha besta, há quem possa/ cravar os olhos em tuas pupilas/ e soldar com seu sangue/ as vértebras das duas épocas?".

Os testemunhos dessa época são reveladores da extraordinária influência que esses acontecimentos tinham na percepção cotidiana do estado de coisas. Por exemplo, durante algum tempo, como lembra o escritor John Berger, o medo de um holocausto nuclear era constante e urgente, a ponto de repercutir em decisões tão pessoais como a vocação artística:

> Não abandonei a pintura por achar que me faltasse talento, mas porque na época – o início dos anos 1950 – entendi que pintar quadros não era um modo suficientemente direto de lutar contra as armas nucleares que ameaçavam acabar com o mundo. Hoje é difícil fazer as pessoas entenderem quanto nós acreditávamos que quase não nos restava tempo para impedir aquela hecatombe[3].

3 John Berger, *Un pintor de hoy*, Madrid: Alfaguara, 2002, p. 308.

Mesmo no final dos anos 1980, Martin Amis – um escritor pós-moderno, geralmente irônico e pouco engajado – escreveu *Einstein's Monsters,* um ensaio que hoje surpreende pelo tom impaciente e alarmado com que aborda a ameaça nuclear, um problema que passamos a ignorar frivolamente.

Do mesmo modo, o antagonismo político é uma experiência coletiva indissociavelmente ligada a esses processos históricos. Seu aspecto característico é a esquerda radical ter vivido a história do século XX mediante um dilema prático absolutamente previsível e, ao mesmo tempo, inevitável. O filósofo Gerald Cohen costumava relatar um caso muito esclarecedor.

> Em agosto de 1964, passei duas semanas na Tchecoslováquia, mais exatamente em Praga, na casa da irmã de meu pai, Jennie Freed, e seu marido, Norman. Estavam lá porque Norman era na época editor da *World Marxist Review.* [...]

> Uma tarde, lancei uma pergunta sobre a relação entre a justiça, ou, mais exatamente e de forma mais ampla, entre os princípios morais e a prática política comunista. A pergunta provocou uma resposta sarcástica de tio Norman. "Não me fale em moralidade", disse com certo desprezo. "A moral não me interessa." O tom e o contexto de suas palavras lhe conferiram a seguinte conotação: "A moralidade é uma lorota ideológica; não tem nada a ver com a luta entre capitalismo e socialismo".

> Como resposta à frase de Norman, eu disse: "Mas, tio Norman, você é um comunista de toda a vida. Sua atitude política certamente reflete um forte compromisso moral".
> "Isso não tem nada a ver com a moral", replicou, agora erguendo o tom de voz. "Estou lutando por minha classe!"[4]

Eric Hobsbawm, em *A era dos extremos,* fala-nos de algumas pessoas com vidas ainda mais comprometidas que a do tio Norman. Por exemplo, a de Olga Benário, filha de um próspero advogado muniquense que aderiu à Liga Juvenil Comunista da Alemanha em

---

4 Gerald Cohen, *Si eres igualitarista, ¿cómo es que eres tan rico?* Barcelona: Paidós, 2001, p. 137.

1923, aos 15 anos. Olga destacou-se nos confrontos de rua contra as tropas nazistas, até que ela e seu companheiro, Otto Braun, foram presos. Benário foi libertada e participou do assalto à prisão de Moabit para libertar Braun, e em seguida os dois conseguiram fugir para a União Soviética. Posteriormente, Benário viajou para o Brasil, onde se uniu a Luís Carlos Prestes, líder de uma marcha revolucionária que atravessou as regiões mais remotas do país. O levante fracassou, e o governo brasileiro entregou Benário à Alemanha nazista, onde ela morreu em um campo de concentração. Otto Braun acabou na China, onde foi o único ocidental a participar da longa marcha de Mao.

O próprio Erri de Luca foi responsável, nos anos 1970, pelo serviço de segurança da Lotta Continua, uma organização italiana de extrema esquerda. Erri de Luca descreve a violência dos anos de chumbo italianos como uma questão objetiva, com um estranho distanciamento: "A revolução é uma necessidade, não uma inspiração poética. Não tem que ver com uma idade ou com o temperamento, é uma maldita necessidade".

Há algo de trágico, no sentido mais profundo da palavra, nessas vidas de grande envergadura moral que, no entanto, foram vividas como resultado de forças extrapessoais, no máximo como o simples jogo de certas manobras entre o "em si" e o "para si". Parecem fenômenos naturais, mais que atos modulados por razões, dúvidas e conflitos pessoais. É como se as ações dos revolucionários fossem completamente subsumidas a grandes processos estruturais. Talvez por isso essas alucinantes vidas revolucionárias mal tenham dado lugar a uma narrativa própria. Os heróis leninistas tendem a carecer do cromatismo psicológico exigido pelo romance moderno: eles se parecem mais com Antígona do que com Madame Bovary. O socialista que aparece em meio à comunidade tradicional dos cossacos no romance de Mikhail Cholokhov *O don tranquilo* é um espectro frio e distante, não há bondade nem orgulho moral em alguém que, no entanto, resolveu dedicar sua vida aos outros.

É algo que Bertolt Brecht entendeu perfeitamente e em torno do que erigiu não apenas sua obra, mas também seu compromisso político. Žižek, aqui também, explica a questão com muita graça ao recordar que o dramaturgo, em 1953, aplaudiu pelas ruas os tanques soviéticos a caminho da Stalinalle para reprimir os trabalhadores em greve. Walter Benjamin expôs a questão com toda clareza:

> Marx formulou o problema de fazer a revolução surgir de seu contrário, o capitalismo, sem recorrer ao *ethos*. Brecht traslada o problema à esfera humana: ele quer fazer com que surja por si mesma, sem *ethos* algum, a figura do revolucionário mau e egoísta a partir da baixeza e da indignidade[5].

* * *

Os movimentos políticos que surgiram da crítica anti-institucional de 1968 mantiveram esse tom objetivista. Em 1971 teve lugar na televisão holandesa um famoso debate entre Noam Chomsky e Michel Foucault. Enquanto Chomsky mantinha posições iluministas convencionais – matar e oprimir é mau, a igualdade e a liberdade são boas... –, Foucault respondia com um antimoralismo radical, teoricamente coerente mas muito excêntrico:

> O proletariado não luta contra a classe dominante por acreditar que essa luta seja justa, mas porque, pela primeira vez na história, quer tomar o poder [...]. Quando o proletariado tomar o poder, é perfeitamente possível que exerça sobre as classes que derrotou um poder violento, ditatorial e até sanguinário. E não vejo o que se pode objetar contra isso[6].

Vinte anos depois, Chomsky recordava Foucault com estas palavras:

---

5 Walter Benjamin, "Bert Brecht", *Obras II*, Madrid: Abada, 2009, p. 298. [Ed. bras.: *Obras escolhidas*, v. II, trad. de R.R. Torres F. e J.C.M. Barbosa, São Paulo: Brasiliense, 1987.]

6 O debate está disponível em: <https://www.youtube.com/watch?v=9_HaHtcKG9c>. Acesso em: 28 jul. 2016.

Nunca conheci ninguém tão completamente amoral. Geralmente, quando conversamos com alguém, partimos do princípio de que compartilhamos algum terreno moral. Com ele, no entanto, eu me senti como se estivesse falando com alguém que não habitasse o mesmo universo moral. Pessoalmente, simpatizei com ele. Mas não consegui entendê-lo, como se fosse de outra espécie ou algo assim[7].

Por que a esquerda revolucionária negou-se tanto a interpretar suas práticas a partir da subjetividade moral? Por que se esforçou em ser "de outra espécie"? É importante não dar uma resposta condescendente. Anos atrás, alguém escreveu no jornal *ABC* sobre a questão social e os conflitos de classe: "Se os pobres tivessem mais paciência e os ricos mais generosidade, tudo se arranjaria". A frase aponta com precisão as fraquezas das teorias éticas personalistas que buscam o consenso. Claro que nem todas são tão rançosas e hipócritas como a do *ABC*. Em *O curto verão da anarquia*, o livro de Hans Magnus Enzensberger sobre Durruti e o anarquismo espanhol dos anos 1930, cita-se este depoimento: "Em cada aldeia havia pelo menos um operário consciente, que se distinguia por não fumar, não jogar, não beber, professar o ateísmo e não ser casado com a mulher (a quem era fiel)".

A resistência do socialismo ao subjetivismo tem que ver com as gigantescas e invisíveis desigualdades na ordem de magnitude das relações sociais que aparentemente convivem no mesmo universo. Em 1971, o economista holandês Jan Pen idealizou uma forma de representação para que a dimensão da desigualdade social fosse percebida de forma mais intuitiva. Chamou-a de "o desfile da renda" [*income parade*]. Consiste em supor que a altura de cada habitante de um país é proporcional a seus ganhos, de modo que os pobres sejam muito baixos e os ricos muito altos. Em seguida, imaginar que todos eles desfilam em uma longa fila, ordenados de menor a maior tamanho. O desfile durará exatamente uma hora. Se considerarmos a estatura mediana de 1,70 m equivalente a 1.700 euros mensais (o salário médio bruto na Espanha em 2010, equivalente a cerca de 1.300 euros líquidos), a coisa seria mais ou menos assim.

---

7 James E. Miller, *La Pasión de Michel Foucault*, Barcelona: Andrés Bello, 1996, p. 273.

O desfile começaria com gente muito baixinha e a altura iria aumentando lentamente. Depois de dez minutos, as pessoas que passam à nossa frente mal chegam a um metro de altura (salário de 1.000 euros brutos). Pouco a pouco a estatura vai aumentando e, após meia hora – ou seja, metade do desfile –, as pessoas que passam já medem pouco mais de 1,50 m (1.500 euros brutos). Cinco minutos depois, finalmente se chega à estatura mediana de 1,70 m. A verdade é que o desfile é um espetáculo bem chato. A altura aumenta muito lentamente, e é um monte de gente que passa. Aos 48 minutos, começa a passar gente com aparência de jogadores de basquete, com cerca de 2,50 m (2.500 euros), e nos últimos 5 minutos vemos pessoas de mais de 3 m.

No último minuto, por fim, as coisas ficam interessantes. Aparece gente muito alta: 0,5% da população, com altura superior a 10 m. Entre eles, o presidente Mariano Rajoy, que mediria cerca de 15 m. E aí passam alguns poucos milhares de assalariados que na Espanha ganham mais de 600 mil euros ao ano. Primeiro, os mais baixinhos, que medem perto de 50 m (como uma piscina olímpica), entre eles o ex-presidente José María Aznar. No final, os superassalariados, como Alfredo Sáez, conselheiro-delegado do Banco Santander, que ganha 9 milhões de euros ao ano e mediria 750 m, e o jogador de futebol Cristiano Ronaldo, que ganha 1 milhão de euros por mês e mediria 1 quilômetro. Mesmo assim, essas estaturas são relativamente baixas se as compararmos com as dos muito ricos, que passariam como um clarão nos últimos instantes do desfile. No caso deles, não se trata de salários, claro. Mas se pensarmos em uma grande fortuna de uns 1,5 bilhão de euros (por exemplo, a de Florentino Pérez ou a de Alicia Koplowitz), rendendo ao ano uns modestos 4%, teríamos uma altura de 5 quilômetros, maior que a do Mont Blanc. Mesmo se aplicarmos um critério ainda mais restritivo (digamos, 2% de rendimentos), nos últimos instantes do desfile passaria em grande velocidade um corpo de massa inverossímil. É Amancio Ortega, dono da Inditex e um dos homens mais ricos do mundo, que, com fortuna estimada em 37 bilhões de euros, mediria mais de 60 quilômetros e teria dificuldades para respirar, porque sua cabeça estaria na mesosfera. Invertendo as proporções, se Florentino Pérez medisse 1,70 m, uma pessoa normal seria como um ácaro, ou seja, invisível. Se levarmos em conta o patrimônio, as desigualdades serão muito maiores, e mais ainda se o desfile fosse mundial. *Grosso modo*, cerca de 1.200 pessoas têm um patrimônio de mais de 1 bilhão de dólares em todo o mundo, sobre uma população global de 7 bilhões de pessoas e uma média anual de ganhos rondando os 18 mil dólares.

Que papel pode ter a ética nessa gigantomaquia que é a luta de classes? A resposta clássica do marxismo é: muito pequeno. Nesse campo de batalha de pulgas contra colossos, a ética é de certo modo absorvida pelas grandes relações sociais. É um pouco como naquela piada em que o Papa visita um país africano assolado pela fome e pergunta a um cardeal de sua comitiva: "Mas por que essas crianças estão tão magras?", e o cardeal lhe responde: "Por que elas não comem, Santidade". E então o Papa se abaixa diante de uma das crianças e lhe diz em tom carinhoso: "Menino! Você precisa comer...". Nem os mais dogmáticos negarão que a natureza moral das ações padece, no mínimo, de certa indefinição. O surgimento de desproporções estruturais de dimensões cataclísmicas aumenta essa indeterminação até sua completa indefinição semântica.

O antipersonalismo das tradições emancipatórias está relacionado à ideia de que a modernidade é, na realidade, um período histórico de transição em que grandes processos sociais muito ativos têm uma influência crucial em nosso cotidiano. Como se estivéssemos atravessando um período de enorme atividade sísmica em que o ambiente geológico mudasse a cada três por dois. Trata-se de algo com implicações éticas relevantes. Para as teorias morais clássicas, o contexto sociocultural, assim como o ambiente ideológico, é simplesmente uma paisagem, não muito diferente da lei da gravidade. Há bons argumentos para isso: o contextualismo é, no fundo, uma forma de relativismo. Além disso, para a maioria das sociedades preexistentes, as condições econômicas e sociais foram notavelmente estáveis. Já o característico da modernidade é o que Rousseau chamou "turbilhão social": percebamos ou não, os grandes processos sociais são forças permanentemente presentes em nossa vida moral.

Em geral, a influência dos macroprocessos demográficos ou econômicos produz um notório desnorteio ético. Sofremos de um déficit cognitivo que nos impede de reconhecer grandes magnitudes para além de certo limite. Por isso, os modelos do sistema solar ou da estrutura do átomo que todos conhecemos são imagens muito estilizadas, não representações em escala. As distâncias entre os planetas são muito grandes e o tamanho das partículas subatômicas é pequeno demais para que possam ser apreendidos intuitivamente. Por exemplo, se desenharmos a Terra do tamanho de uma bola de tênis, a imagem do Sol correspondente deveria ter 11 m de diâmetro. Se representássemos o núcleo atômico do tamanho de um grão de pimenta, precisaríamos de cem quilômetros para fazer uma imagem em escala da estrutura do átomo. É como se tivéssemos um viés cognitivo similar que afeta as representações morais daquelas ações que fazem parte de processos muito amplos, complexos e de longa duração. A esquerda tentou, talvez sem sucesso, pôr-se à altura desses desafios.

Existe certa coerência entre essa debilidade ética e as ilusões contemporâneas de superação do marco político tradicional por meio de novas formas de relação social. Talvez por isso o ciberutopismo tenha calado tão fundo entre os movimentos antagonistas. O fetichismo da rede exclui da equação social os grandes conflitos modernos e, desse modo, pretende transformar um imenso problema em solução. A ideologia californiana privou o dilema pragmático revolucionário de suas conotações trágicas, que tinham relação com gigantescos confrontos materiais e políticos. Simplesmente aceitou o dilema com farra digital. Um pouco como naquele episódio dos *Simpsons,* em que Bart se candidata às eleições de representante de classe em sua escola. Durante a campanha eleitoral, o adversário de Bart, o aluno mais aplicado da classe, recorre a uma estratégia zde descrédito espalhando cartazes, nos quais se lê: "Com Bart, chegará a anarquia". Bart Simpson reage com uma contracampanha otimista: "Com Bart, chegará a anarquia!". O ciberfetichismo é mesmo incapaz de criar compromisso ético. Mas em uma época em que as máquinas definem nossas relações sociais e ninguém fala da luta de classes, essa parece uma boa notícia, um passo à frente rumo à sociedade livre de atritos.

* * *

Os movimentos emancipatórios têm uma teoria coerente sobre a natureza de alguns dos mais profundos processos sociais modernos. Basicamente, sustentam que há um profundo copertencimento de duas dinâmicas históricas: a revolução industrial e a emancipação política. A ideia é que a compreensão cabal de uma é inconcebível sem a outra. Não há autêntica libertação política nem avanço cultural sem conteúdo material. Como se costuma dizer, *freedom of the press is guaranteed only to those who own one* (a liberdade de imprensa só é garantida para quem tem uma imprensa). Simetricamente, a melhora material transforma-se em um processo entrópico se não existir uma genuína possibilidade de intervir nele politicamente.

A tese básica dos revolucionários é que, em certo momento dos primórdios da modernidade, rompeu-se o equilíbrio e o *feedback* entre a libertação política e o progresso econômico. As possibilidades de decisão política começaram a ser condicionadas à reprodução ampliada dos interesses econômicos. Isso teria limitado o desenvolvimento social incrementando as desigualdades materiais e criando processos de exclusão e deslegitimação. Também teria provocado um curto-circuito no progresso material ao gerar superprodução, desemprego, financeirização e, por fim, ao pôr em risco os próprios limites ecológicos do planeta. Essa seria a fonte não apenas da incorreta realização de cada um dos processos, mas também do hiato entre a moralidade de nossa conduta individual e nossas teorias éticas gerais.

Os marxistas costumam datar a submissão da política à economia no fracasso das revoluções de 1848. Nessa data, a economia tragou as esperanças de democratização e autonomia da vida pública. Marx expressou essa ideia ao dizer que o Estado moderno não é mais que o conselho de administração dos problemas comuns da classe burguesa. Em parte é verdade, e em parte é só um modo de falar. Tratar como se fossem a mesma coisa o Estado do Paraguai, um país onde não há imposto de renda, e o da Noruega parece, no mínimo, estranho.

Em termos aparentemente mais exatos, costuma-se dizer que a economia determina os limites das possibilidades políticas. Quer dizer, os processos econômicos não ditam exatamente aquilo que as organizações políticas podem fazer, mas estabelecem um marco restritivo que limita sua capacidade de escolha. Embora, basicamente, eu concorde com essa ideia, também tenho algumas reservas. Como apontei na primeira seção, ao falar da casualidade nas ciências sociais, é uma tese muito pouco precisa. Os limites – ou, mais exatamente, as oportunidades – não nos dizem automaticamente algo a respeito das escolhas. Levine, Sober e Wright oferecem um exemplo esclarecedor:

> Imagine o seguinte caso: um indivíduo escolhe uma pera de uma cesta de fruta. Há duas causas em jogo: a variedade de frutas que estão na cesta e as preferências pessoais em relação às diversas frutas existentes. Suponha-se que existam 30 tipos de frutas no mundo e que 25 deles estão na cesta. Qual é a causa mais importante da escolha individual de uma pera, a composição da cesta de frutas ou os gostos do indivíduo? A resposta é indeterminável, dada a informação especificada. Poderia ser que, mesmo que na cesta estivessem os 30 tipos de frutas, o indivíduo continuasse escolhendo uma pera. Nesse caso, o limite estrutural da escolha individual é irrelevante. Por outro lado, se o indivíduo tivesse preferido uma das frutas excluídas, o processo de limitação seria uma parte importante da explicação da escolha final. Em geral, não há um meio simples de estabelecer se a redução de possibilidades representadas pelos "limites" é maior ou menor que a redução representada pela "seleção"[8].

Não é uma sutileza acadêmica. Se o nível de escolhas que o capitalismo permite fosse coextensivo às opções emancipadoras, seria pouco claro em que sentido o capitalismo é opressor. É uma tese para muitos convincente. Ao menos para muitos que vivem nos Estados de bem-estar do Primeiro Mundo nos períodos do ciclo especulativo de suas economias.

Um contra-argumento interessante é que sabemos que as oportunidades têm muita influência nos desejos: tendemos a querer o que podemos obter. Portanto, talvez as limitações façam

---

8 Erik Olin Wright; Andrew Levine; Elliott Sober, *Reconstructing Marxism*, Londres: WW, 1992, p. 149.

com que não saibamos o que queremos de fato. Sem abundância de oportunidades, não podemos ter certeza de que estamos tomando nós mesmos nossas próprias decisões, por mais que assim nos pareçam. Como em *Matrix,* queremos a pílula vermelha.

Contudo, também é verdade que existe no nível coletivo uma espécie de reflexo da fraqueza da vontade. Se pensarmos que temos uma tendência sistemática a tomar decisões autodestrutivas, poderíamos considerar que certo nível de restrição é libertador ou, pelo menos, uma segunda melhor opção. Algumas pessoas com problemas de autocontrole colocam seu cartão de crédito em um copo d'água no congelador: assim, têm de esperar algum tempo antes de comprar (ao que parece, os cartões de crédito não podem ir para o micro-ondas, porque a tarja magnética é inutilizada).

Costuma-se usar esse raciocínio para criticar certas decisões capitalistas, como os processos de privatização. Defendemos que se restrinjam algumas possibilidades mercantis, que até poderiam ser benéficas no curto prazo – por exemplo, permitindo mais opções desejáveis –, porque elas deflagram um processo que pensamos que pode ser incontrolável e catastrófico. Contudo, como acreditava Montesquieu, esse argumento também pode ser utilizado convincentemente para sustentar posições de sinal oposto. O capitalismo poderia ser um dique aceitável frente a opções ainda piores, incluindo a catástrofe de tentar empreender projetos que, de tão virtuosos, são irrealizáveis.

Acho que o argumento do dique é falacioso. Os mecanismos de autolimitação contam com uma cláusula de revisão. Quando Ulisses pediu que o amarrassem ao mastro de seu navio, para poder escutar sem risco o canto das sereias, não abriu mão de sua autonomia por toda a vida: era um acordo limitado. As pessoas que congelam o cartão de crédito não ficam legalmente incapacitadas, podem comprar se assim o desejarem, simplesmente terão de esperar algumas horas.

Nas nossas sociedades iluministas, somos avessos à irreversibilidade. Por isso, a pena de morte não é bem aceita. E por isso aceitamos algumas condições de trabalho piores que certos tipos de escravismo, mas não o escravismo. O que é típico do capitalismo é que ele parece uma forma de autolimitação coletiva, mas que realmente carece de cláusula de revisão. Por isso, não é uma estratégia de autolimitação, e sim de heteronomia, mais semelhante a vender-se como escravo que a colocar um cadeado na geladeira. Era em algo parecido que Marx pensava ao explicar o papel ativo desempenhado pela aparência de liberdade e igualdade nos sistemas de estratificação das sociedades modernas. Hoje aceitamos níveis de desigualdade material desconhecidos em quase qualquer sociedade passada, porque eles convivem com o respeito aos direitos individuais e a igualdade perante a lei.

A renúncia socialista à moral é uma tentativa de pôr-se à altura dessa assimetria entre a dimensão dos condicionantes materiais e sociais de nossas ações e nossa capacidade de intervenção ética. Certos processos sociais têm tamanha repercussão que nos impedem de viver nossa vida nos termos morais que poderíamos desejar. É o que Gunther Anders chamava de "o desnível prometeico", a ideia de que na atualidade temos a capacidade técnica para produzir efeitos desmesurados com ações insignificantes. Atos inocentes nos comprometem com estruturas de repercussões inimagináveis. O mero fato de ligar de um telefone móvel nos torna cúmplices inconscientes da morte de milhares de pessoas nas guerras do *coltan*.

Uma conduta absolutamente ética seria preferir morrer de frio a vestir roupa fabricada por trabalhadores que ganham salários miseráveis. Muito razoavelmente, os revolucionários não acreditam que essa virtude super-rogatória possa se generalizar. Por isso, renunciam a interpretar seus próprios atos em termos de uma ética geral. Nesse sentido, a renúncia à fundamentação moral das ações pode ser entendida como uma tentativa, talvez não muito realista, de estabelecer um marco ético eficaz. Os anticapitalistas querem construir uma sociedade em que se possa ser bom sem necessidade de ser um herói, em que os determinantes estruturais do capitalismo não interfiram constantemente em nossas decisões éticas, políticas e estéticas. Bertolt Brecht expressou isso com muita sensibilidade:

Aos que vão nascer

É verdade, eu vivo em tempos negros.
Palavra inocente é tolice. Uma testa sem rugas
indica insensibilidade. Aquele que ri
apenas não recebeu ainda
a terrível notícia.
Que tempos são esses, em que
falar de árvores é quase um crime
pois implica silenciar sobre tantas barbaridades?
[...]
Vocês, que emergirão do dilúvio
em que afundamos,
pensem
quando falarem de nossas fraquezas
também nos tempos negros
de que escaparam.
Andávamos então, trocando de países como de sandálias
através das lutas de classes, desesperados
quando havia só injustiça e nenhuma revolta.
Entretanto sabemos:
também o ódio à baixeza
deforma as feições.
Também a ira pela injustiça
Torna a voz rouca. Ah, e nós
que queríamos preparar o chão para o amor
não pudemos nós mesmos ser amigos.
Mas vocês, quando chegar o momento
do homem ser parceiro do homem,
pensem em nós
com simpatia[9].

O imoralismo teórico revolucionário situa-se de um modo estranho entre duas grandes tradições éticas. Em princípio, há uma congruência ao menos tendencial entre as teses socialistas e as correntes filosóficas que poderíamos denominar contratualistas. A revolução seria uma espécie de iniciativa "pré-contratualista", um momento

---

9 Transcrito da ed. bras.: *Bertolt Brecht, Poemas* (1913-1956), seleção e trad. de Paulo César de Souza, São Paulo: Editora 34, 2000.

constituinte. Procura estabelecer as condições materiais e políticas em que o contrato social tenha sentido como realidade, e não como mero ideal ou, pior ainda, como ficção legitimadora da injustiça.

As teorias contratualistas tentam imaginar como deveria ser uma organização social que pudesse ser considerada justa e equitativa por qualquer ser racional, ou pelo menos por muitos seres racionais, da modernidade ocidental. É uma forma de entender a justiça como um conjunto de direitos e deveres estabelecidos, não de uma perspectiva em particular – nem sequer a das pessoas mais santas ou mais nobres –, mas de um ponto de vista intersubjetivo que qualquer pessoa que fale de boa-fé aceitaria.

Por exemplo, para o filósofo John Rawls, a melhor maneira de se conceber uma organização social justa consiste em imaginar que princípios seriam endossados por pessoas que integrarão essa organização sem saberem que posição social ocuparão nela. Se não sei qual pedaço do bolo que estou cortando, eu mesmo vou comer, o mais inteligente é cortar porções iguais. Por isso, o contratualismo é uma alternativa a certa miopia identitária, como esclarece uma piada sobre arquitetos. Um transatlântico está afundando, e o capitão grita: "Abandonem o navio! Mulheres e crianças, aos botes! Homens, vistam os coletes salva-vidas...!". Então o capitão vê que há um grupo de gente imóvel no convés. "Vocês! O que fazem aí parados?" E um deles responde: "É que o senhor não disse nada sobre os arquitetos".

De fato, as concepções contratualistas da justiça não dizem nada sobre como seria preferível que cada pessoa orientasse sua vida: como católico, *fashion victim*, feminista, militar, esportista, artista, egoísta racional e até como arquiteto. Apenas estabelecem limites abstratos que permitem a alguns desses projetos pessoais – quantos mais, melhor – desenvolverem-se sem incompatibilidade. Em termos grosseiramente gerais, dessa perspectiva, uma sociedade justa seria aquela que produz o máximo consenso possível entre seus membros e, ao mesmo tempo, permite o maior número de formas de expressão da individualidade. Quer dizer, tentam conjugar alguma versão da universalidade do dever moral – a ideia de que há obrigações não contextuais que afetam qualquer pessoa – e da liberdade pessoal.

O elo de ambos os vetores é a autonomia, o modo como os seres humanos se reconhecem mutuamente como seres racionais dignos de respeito e não necessitados de tutela. Os marxistas acreditaram que não apenas o iluminismo, mas também o próprio capitalismo foi um bom estímulo histórico da autonomia. Embora o capitalismo limite enormemente nossa liberdade política, pelo menos nos livrou de uma fonte de heteronomia igualmente viscosa, as relações de dependência pessoal tradicionais. O malquisto preâmbulo burguês permitiu pensar um tipo de emancipação baseado na independência pessoal, em um corpo político formado a partir do acordo entre indivíduos livres.

Muitos filósofos e sociólogos pós-modernos deram um passo além e pretenderam que o capitalismo cognitivo e digital seria em si mesmo um cenário privilegiado para a realização pessoal. Do seu ponto de vista, vivemos uma época histórica intensa e apaixonante, em que cada um de nós pode escolher livremente o projeto de vida que mais lhe convenha e, mais ainda, nada nos compromete com ele além de nossas próprias preferências. Não apenas inexistem concepções hegemônicas do bem viver – e portanto o contrato social deve limitar-se a instituir um marco mínimo de convivência que garanta a maior liberdade individual possível –, mas as próprias concepções individuais do bem viver estão desestruturadas; são uma sucessão desconexa de preferências. A ideia de fundo é que nossa identidade pessoal não tem uma estrutura estável, tampouco a sociedade... e isso é uma boa notícia. Por isso, os pós-modernos logo viram na internet uma antecipação de um futuro promissor e iminente.

O socialismo está muito longe desse atomismo moral. De fato, de outro ponto de vista, a sociedade pós-revolucionária parece responder a um modelo ético muito diferente do contratualista. Os movimentos antagonistas foram bem vagos ao fornecer detalhes sobre a sociedade pós-capitalista, mas não absolutamente imprecisos. Marx diz, ocasionalmente, que na sociedade comunista será possível a autorrealização livre e em comum, o crescimento pessoal e o desenvolvimento das virtudes criativas. Ou seja, o socialismo não é simplesmente um marco geral em que as pessoas gozam da liberdade de se unir para tentar realizar seu ideal de bem viver, mas uma proposta ética substantiva.

O pós-capitalismo aspira superar a alienação burguesa e fomentar a realização pessoal conjunta. A ideia marxista de realização, segundo uma elegante caracterização de Jon Elster, tem que ver com atividades que têm utilidade marginal crescente e são realizadas em comum[10]. Muitas de nossas preferências, como comer cachorro-quente, têm utilidade marginal decrescente: cada cachorro-quente que eu como me proporciona um pouco menos de satisfação que o anterior. A mesma coisa ocorre com a maioria dos bens de consumo e da cultura da ostentação. Mas existe outro tipo de atividades que, quanto mais são realizadas, mais satisfação proporcionam. De certo modo, são um fim em si mesmas, e é por isso que Aristóteles as chamava de "atos perfeitos". É o caso da música: começar a tocar um instrumento é um empreendimento árduo, mas depois de superada essa primeira fase é cada vez mais gratificante. Cada livro que eu leio, ou pelo menos algum deles, me toca de um modo que uma nova camisa, que sairá de moda em três meses, nunca poderá fazer. A mesma coisa acontece com certos esportes, com a atividade artística ou política e com o cuidado de uma criança. Além disso, algumas dessas práticas só podem ser realizadas em comum, como tocar a *Pastoral,* de Beethoven, participar de uma assembleia municipal ou tomar decisões democráticas em uma cooperativa sobre uma nova linha de produção.

Ou seja, o socialismo conta pelo menos com o esboço de um projeto de organização social considerado preferível. As pessoas não fazem a revolução para acatar placidamente um ideal de vida baseado nos sapatos Manolo Blahnik, no *paintball* e nas excursões à Disney. Por isso, muitas propostas pós-capitalistas mantêm uma relação estreita com as teorias éticas da virtude. Dessa perspectiva moral, aproximadamente aristotélica, vem a relação da ética com a construção de um bem viver no contexto das normas de uma comunidade, e não apenas com a busca de um contrato social amplo ou até universal capaz de estabelecer um marco de convivência razoável.

Para os herdeiros de Aristóteles, o problema das teorias liberais é que permitem formalmente uma grande quantidade de

---

10 Jon Elster, *Una introducción a Karl Marx,* Madrid: Siglo XXI, 1991, p. 47 ss.

projetos que ninguém está em condições materiais nem sociais de empreender. O caso da internet é muito ilustrativo. Embora nenhum obstáculo ligado à propriedade dos meios de produção impeça a cooperação digital, ela continua marginal, porque não existe o ambiente institucional necessário:

> O comunitarista considera que o liberal reduz a sociedade a uma cooperação entre indivíduos que se associam de forma essencialmente privada e cujos interesses fundamentais se definem à margem da comunidade à qual pertencem, pois, em certo sentido, são anteriores a ela. Por isso ele menospreza e destrata as concepções do bem que têm um conteúdo mais fortemente comunitário e que insistem, por natureza, no valor em si dos laços sociais, acima de seu valor como meio para a consecução de outros fins meramente individuais[11].

É um pouco como aquela *gag* do Monty Python sobre um casal protestante que observa pela janela de sua casa um numeroso grupo de crianças saindo da casa em frente. São os filhos de um casal católico empobrecido que, incapazes de sustentá-los, decidiu vendê-los como cobaias humanas para experiências científicas:

> Marido: – Olhe esses malditos católicos. Enchendo o maldito mundo de malditas crianças que não conseguem alimentar!
> Esposa: – E nós? O que somos?
> Marido: – Protestantes! Com muito orgulho!
> Esposa: – E por que eles têm tantos filhos?
> Marido: – Ora, porque cada vez que têm relações sexuais, têm que ter um filho.
> Esposa: – Nós fazemos a mesma coisa, Harry.
> Marido: – O que você está insinuando?
> Esposa: – Que nós temos dois filhos... e tivemos duas relações sexuais.
> Marido: – Isso não tem nada a ver! Nós podemos fazer quando quisermos.

---

[11] Adam Swift; Stephen Mulhall, *El individuo frente a la comunidad*, Madrid: Temas de Hoy, 1996, p. 45.

De um ponto de vista aproximadamente comunitarista, o contratualismo é um tiro no pé. Sua compreensão das condições de possibilidade de uma organização social justa elimina a influência das concepções particulares do bem viver, mas desse modo impede que surjam projetos de desenvolvimento pessoal compartilhados. Isso porque, ao nos colocarmos em uma posição formalista, somos condenados a que os projetos éticos nos pareçam arbitrários, uma questão de preferência individual.

Ninguém pode simplesmente reconstruir os laços sociais quando convém a seus interesses privados e da maneira que preferir. Em primeiro lugar, os contextos comunitários são muito frágeis. As normas são fáceis de destruir e muito difíceis de restabelecer. As relações sociais se parecem mais ao cristal que à massa de modelar, como mostra um caso registrado pelo psicólogo Dan Ariely.

Uma creche israelense decidiu multar os pais que chegassem tarde para pegar os filhos. O resultado da iniciativa não foi o esperado:

> Antes da introdução da multa, professores e pais tinham um contrato social, com normas sociais que regulavam o atraso. Assim, quando os pais se atrasavam – como acontecia eventualmente –, eles se sentiam culpados por isso, e essa culpa os levava a tentar ser mais pontuais. Mas ao começar a aplicar multas, a creche substituiu involuntariamente as normas sociais pelas mercantis. Agora que os pais pagavam por seu atraso, passaram a interpretar a situação em termos de regras mercantis. Em outras palavras: como agora eram multados, podiam decidir por si mesmos se chegavam tarde ou não. [...] O mais interessante aconteceu uma semana depois, quando a creche eliminou a multa. Agora o centro voltava à norma social. Mas os pais também voltariam? E voltaria com isso seu sentimento de culpa? Não, absolutamente. Uma vez eliminada a multa, o comportamento dos pais já não variou: continuaram chegando tarde para pegar os filhos. Na realidade, quando a multa desapareceu, houve até um aumento nos atrasos[12].

12 Dan Ariely, *Las trampas del deseo*, Barcelona: Debate, 2008, p. 95.

A razão dessa estranha situação é que, em segundo lugar, os laços sociais são mais um fluxo que uma situação estática. São o subproduto não deliberado de um processo complexo que é muito complicado reproduzir intencionadamente.

* * *

Um dos círculos do Inferno é reservado àqueles que pensam que podem transitar entre Kant e Aristóteles, entre o contratualismo e as éticas da virtude. São duas arquiteturas éticas contrapostas, em certo sentido complementares, e em certo sentido contraditórias. Por isso, os socialistas tentaram suturar o hiato entre ambas as propostas com a fantasia do homem novo. Quando afinal vivermos em uma sociedade em que seja possível um contrato social racional sem interferências econômicas espúrias, surgirá uma versão melhorada do ser humano que desejará desenvolver o projeto de vida socialista.

O homem novo é um modo folclórico de nomear a infinita plasticidade da natureza humana, outro dos grandes mitos marxistas. Muitos socialistas acreditavam que somos totalmente determinados por condicionantes históricos e que não existe nenhuma estrutura antropológica permanente. O surgimento de uma sociedade de indivíduos justos, felizes, belos, cooperadores, altruístas e saciados dependeria, exclusivamente, de encontrar o coquetel adequado de estruturas sociais, políticas e materiais. Era um projeto heroico. O ciberfetichismo, ao contrário, parece uma forma frívola de ignorar o problema acreditando que o *shopping* Media Markt poderá fornecer a ortopedia tecnológica capaz de suturar as opções éticas.

O homem novo foi um projeto moral e socialmente catastrófico. Mas aponta uma direção interessante. Seu fracasso obriga a formular justamente a ideia oposta: nossas características antropológicas, a "natureza humana", para usar um termo polêmico, é ética e politicamente relevante para um projeto de emancipação. Se renunciarmos à ideia pouco razoável de que somos puro barro socialmente moldável, nossas características como espécie adquirirão relevância política.

A ética moderna foi pouco sensível aos traços essenciais do gênero humano, porque paira a impressão de que, ao introduzir esse tipo de questão no raciocínio moral, incorremos em uma falácia naturalista (das questões de fato não se podem extrair juízos éticos). Ao levar em conta exclusivamente a racionalidade da estrutura de um sistema de direitos e deveres, é como se não nos comprometêssemos com nenhuma questão de fato, mas apenas com suas propriedades formais, como a consistência e a coerência. Isso pode soar muito reconfortante, mas o certo é que não somos conjuntos matemáticos, e sim membros de uma espécie animal capazes de estabelecer relações familiares duradouras, reivindicar nossa individualidade, nos organizarmos politicamente, realizar criações estéticas e intelectuais, acatar normas, manter relações de afinidade, fazer intercâmbios econômicos... Também podemos fazer coisas terríveis, como matar-nos uns aos outros, ou banais, como fazer cócegas.

A avaliação de um sistema social não pode ser neutra em relação a sua idoneidade para potencializar as capacidades humanas que participam daquilo que considerarmos o bem viver em seu sentido mais pleno – ou ao menos é isso que pensavam os herdeiros de Marx. Do mesmo modo, quase todos nós – basicamente, todos menos os economistas – temos sérias dificuldades para viver imersos em um contínuo intercâmbio competitivo, sentir-nos satisfeitos em um ambiente com profundas desigualdades sociais, orientar-nos socialmente sem laços pessoais estáveis ou superar profundos vieses de irracionalidade que afetam nossas decisões... Um projeto político que ignore essas realidades duradouras só pode ser caracterizado como utópico, no sentido mais pejorativo do termo.

Como espécie, não temos somente potencialidades, mas também debilidades. A base dos enfoques formalistas é que é possível encontrar procedimentos que permitiriam a um grupo de indivíduos racionais e autônomos chegar a um consenso sobre o tipo de organização social em que prefeririam viver. É um ideal louvável, mas a verdade é que a independência individual é, no melhor dos casos, um episódio passageiro, e não necessariamente afortunado na vida da maioria das pessoas. Nossa racionalidade é afetada por nossa vulnerabilidade. Somos animais sujeitos a problemas, mal-estares, doenças e deficiências.

Simplesmente, não podemos sobreviver sem a ajuda dos outros. Não no sentido de um grupo de adultos saudáveis, lúcidos e robustos que se associam para prosperar em um ambiente hostil, como nas fábulas contratualistas clássicas ou nas ciberutopias contemporâneas. Desse ponto de vista, a deficiência é algo que nos acontece. Na verdade, é mais algo que *somos*. Todas as crianças dependem durante muitos anos das pessoas que cuidam delas. Muitas pessoas voltarão a ser dependentes em algum momento da vida, de forma esporádica ou permanente. Dito de outro modo, somos codependentes, e qualquer concepção da liberdade pessoal como base da ética deve ser coerente com essa realidade antropológica.

O filósofo Alasdair MacIntyre considera que a codependência humana afeta profundamente o modo como se desenvolve nossa moral e nossa racionalidade. O tipo de pessoa que queremos chegar a ser está intimamente ligado a nossa participação em uma comunidade de deveres e capacidades. Pais e mães ensinam seus filhos a postergar ou corrigir seus desejos mais imediatos e a assumir compromissos e responsabilidades. Mais tarde, nossos grupos de referência e as pessoas próximas nos influenciam profundamente na hora de elaborar juízos morais[13].

Às vezes os psicólogos sociais interpretam esse tipo de relações em termos de submissão à autoridade ou ao grupo. O supracitado experimento de Milgram mostrou que praticamente qualquer pessoa pode realizar atos atrozes quando ordenados por alguém cuja autoridade se reconhece. No experimento, um cientista ordenava ao sujeito da experiência que desse descargas elétricas cada vez mais intensas em uma pessoa amarrada a uma cadeira. Muitas pessoas obedeceram até mesmo quando acreditaram que a intensidade do choque podia matar a vítima (na realidade, tratava-se de um ator que não sofria nenhum dano). Contudo, essas situações experimentais não dizem nada de particularmente negativo sobre o papel da codependência em nossa constituição como sujeitos éticos. Ao contrário, deveriam antes nos fazer pensar na necessidade de evitarmos as relações de

---

13 Alasdair C. MacIntyre, *Animales racionais y dependientes,* Barcelona: Paidós, 2001.

submissão – muito típicas das instituições burocráticas e totais – que pervertem a codependência transformando-a em uma fonte de aberrações morais. De fato, não se costuma comentar que alguns sujeitos do experimento acharam a experiência útil como meio para um crescimento moral. Nas palavras de um deles:

> O experimento me obrigou a reavaliar a minha vida. Fez com que eu enfrentasse a minha própria docilidade e que lutasse contra ela de verdade [...] Fiquei consternado com a minha própria debilidade moral, e então comecei a fazer ginástica ética[14].

O modo como outras pessoas dependem de nós contribui em nossa educação ética. Em muitas culturas tradicionais, os irmãos mais velhos têm papel crucial nas tarefas de criação. Os pais e as mães cuidam das crianças até os 2 ou 3 anos de idade, e a partir daí elas começam a depender dos cuidados das crianças mais crescidas, muitas vezes com não mais de 10 anos[15]. A criação não é um serviço unidirecional que os independentes oferecem aos dependentes, mas é parte do processo formativo das crianças mais velhas. Para tornar-se adulto é preciso aprender a assumir as responsabilidades ligadas ao cuidado.

Tanto a capacidade como a deficiência [*discapacidad*] ou a incapacidade estão sempre presentes em nossas vidas. Nossa possibilidade de realização, tanto individual como coletiva, é indissociável do modo como nos ajudamos mutuamente. Se não considerarmos nossa natureza dependente como uma questão política, não teremos motivos para pensar politicamente o modo em que deveríamos depender uns dos outros, porque a resposta estará dada de antemão: não, ao menos idealmente.

Em nossas sociedades, a deficiência e a dependência são consideradas fontes de heteronomia ou uma fase no processo convencional de nos tornarmos pessoas autônomas – crianças –, ou de deixar

---

14 Lauren Slater, *Cuerdos entre locos. Grandes experimentos psicológicos del siglo XX,* Madrid: Alba, 2006, p. 86.
15 Judith Rich Harris, *El mito de la educación,* Barcelona: Grijalbo, 1999.

de sê-lo – velhos –, ou resultado de uma catástrofe – inválidos. A autonomia é um mérito reservado a uns poucos: basicamente, homens brancos, ricos e saudáveis. Vem daí a longa e atroz história dos grupos sociais que foram considerados tuteláveis na modernidade ilustrada: mulheres, pobres, trabalhadores não qualificados, não ocidentais em geral, marginais, analfabetos, imigrantes, loucos etc.

Tendemos a pensar na dependência de maneira semelhante aos liberais quando imaginam a igualdade. Eles não pensam que seja algo necessariamente ruim, mas não a consideram em absoluto como fonte de obrigações nem uma situação estável. No máximo, um ponto de partida da liberdade pessoal. Para eles é razoável que as crianças tenham igualdade de oportunidades, mas a recompensa desigual a diferentes talentos é perfeitamente aceitável. Não consideram que as desigualdades sejam em si mesmas degradantes. Ao contrário, o igualitarismo profundo acredita que certos níveis de desigualdade são aberrantes e impedem a possibilidade do bem viver para todos, independentemente da situação relativa dos que estão pior ou de nossa própria situação pessoal.

Da perspectiva contratualista, a cooperação profunda sempre tem algo de paradoxal, porque é uma necessidade, mas também uma opção. Enquanto se respeitar o marco geral de direitos e deveres, é algo que se pode ou não preferir. Contudo, se nos pensarmos como seres frágeis e codependentes, somos obrigados a pensar a cooperação como uma característica humana tão básica quanto a racionalidade, talvez até mais. Nossa vida é inconcebível sem o compromisso com os cuidados mútuos. Pensar um cenário de conduta instrumental generalizada é tão contraditório quanto pensar um cenário de irracionalidade e engano mútuo generalizado. Nem todas as relações sociais importantes estão relacionadas ao cuidado, mas o cuidado é a base material sobre a qual todas elas se fundamentam. A comunidade política, inclusive a que se baseia em ficções contratuais, erige-se sobre uma rede de codependência. O cenário em que podemos ou não superar a alienação é um impulso que faz parte da nossa natureza mais íntima: cuidarmos uns dos outros.

A maioria de nós conhece essa realidade por experimentá-la no ambiente familiar, acima de tudo porque a mercantilização generalizada a desterrou a quase qualquer outro âmbito, especialmente do laboral. Por isso, algumas pessoas consideram que pensar politicamente o cuidado é imaginar a sociedade como se fosse uma grande família, como se tivéssemos de nos tratar mutuamente como irmãos ou primos, e não como cidadãos autônomos unidos em um projeto comum. É exatamente o contrário. O cuidado mútuo é a base material de um vínculo político racional afastado do capricho individual e do formalismo contratual. E, nesse sentido, o reconhecimento de sua importância é essencial para superar as relações de dependência alienantes e opressoras, incluídas algumas relações familiares.

Uma boa razão para desconfiar do comunitarismo é o modo como muitas sociedades tradicionais modularam o cuidado até transformá-lo em tutela e dominação. Mas uma razão ainda mais forte para desconfiar do capitalismo é o modo como ele destruiu as bases sociais da codependência, instaurando um projeto socialmente cancerígeno e niilista. O ciberfetichismo disfarça esse programa de destruição social para torná-lo atraente e cordial, em vez de apocalíptico. Ele fala de comunidades digitais e de conexões ampliadas, mas é profundamente incompatível com o cuidado mútuo, a base material dos nossos laços sociais empíricos.

Existem tipos de comunidades muito diversos com diferentes objetivos e formas de participação. Para começar, há uma distinção básica entre os grupos exclusivos, como um clube de campo ricaço ou uma corporação profissional tradicional, e os expansivos, como uma congregação religiosa ou um sindicato moderno. Ambas as formas de organização podem ser libertadoras e igualitárias ou opressoras e elitistas. Creio que a matriz ética de todas essas formas de compromisso com outros, dessa codependência, é a experiência do cuidado.

Diferentemente do que ocorria com o que denominei dilema ético fundamental da esquerda, no caso dos cuidados, não enfrentamos um paradoxo. É muito complicado encontrar um justo ponto médio entre o individualismo moderno e o coletivismo tradicional, porque o atomismo social tem um forte componente autodestrutivo; ele dilui as redes sociais em que se implanta, como se viu no exemplo da creche israelense. Por isso, não é possível resolver o dilema mediante uma gradação de individualismo e coletivismo. Não existe nenhuma posologia do egoísmo racional compatível com um tecido coletivo denso.

Por outro lado, conhecemos diversas vivências dos cuidados que mostram uma ampla gradação ética, desde a dominação até a liberdade individual. Não se trata de optarmos entre dois extremos contraditórios, que se anulam mutuamente. Cuidar de alguém ou ser cuidado não é em si mesmo uma forma de sujeição ou submissão, mas um aspecto tão intrínseco da nossa natureza quanto nossa capacidade de nos comunicarmos ou expressar afetos. Pode dar lugar a relações de poder desiguais e violentas, mas não tem por que ser assim e, de fato, em muitas ocasiões está longe de sê-lo. A modernidade tem feito um esforço desonesto para ignorar essa realidade antropológica e substituí-la por laços não baseados na codependência: burocráticos, telemáticos, mercantis, ideológicos... O resultado foi muito pobre.

A sociabilidade oferecida pelo capitalismo pode até ser muito farta, mas é, em geral, extremamente epidérmica. É o caso dos laços sociais reticulares das sociedades pós-modernas. Há uma grande quantidade de sociabilidade na internet, mas que se revela imprestável para os cuidados. Nossas famílias e nossos amigos, até nossos vizinhos, são lentos e chatos, mas persistentes e confiáveis. Exatamente o contrário do ambiente digital. A internet serve para trocar séries de televisão, mas não cuidados. A fantasia de que aquilo é tão importante quanto isso é muito própria de pessoas que prolongaram patologicamente sua adolescência e acreditam que os jogos em rede são experiências intelectuais e sociais satisfatórias. Se há uma lição que deveríamos ter aprendido do capitalismo é que a alienação e a falta de solidariedade são perfeitamente compatíveis com altos padrões de vida e de educação.

A codependência não tem nada que ver com a conectividade. Em certo sentido, são conceitos antônimos. O capitalismo é compatível com as relações sociais reticulares e certo nível de cooperação trivial, mas não com o cuidado mútuo. Por isso, continua existindo uma enorme massa de trabalho de cuidar excluída do mercado, mas imprescindível para que as relações mercantis se desenvolvam com normalidade.

Isso significa que o capitalismo parasita os cuidados mútuos. Segundo algumas estimativas, o trabalho de cuidar não remunerado equivale a 50% do PIB de um país desenvolvido. Toda manhã, levanta da cama um descomunal exército de trabalhadores e consumidores alimentado, saudável e limpo disposto a fazer girar a grande roda de hâmster do capitalismo. Sem o trabalho de cuidar não remunerado, isso seria simplesmente impossível. Qualquer ideia sofisticada sobre nossa situação em uma rede global de conexões dinâmicas e fugazes desmorona quando nos defrontamos com a brutal corporeidade de um recém-nascido ou de um amigo doente precisando de cuidados. Há poucas experiências que nos tornem tão conscientes dos limites do sistema econômico moderno quanto tentar compatibilizar um trabalho assalariado em condições habituais com cuidar de uma pessoa necessitada de assistência. Mas a dependência mútua não se limita a esses casos extremos; em maior ou menor medida, afeta a todos.

A perspectiva da codependência é compatível com a desconfiança da esquerda em relação à ideologia política que exige que qualquer proposta de transformação social respeite o marco político estabelecido. É igualmente coerente com uma crítica profunda da maneira em que a sede de lucro como motor social é um entrave sistemático às tentativas de melhorar a situação da maioria. Uma descoberta estatística impactante é que a confiança nos outros e o compromisso social estão estreitamente correlacionados com a igualdade material, ao menos nos países desenvolvidos. A partir de certo limiar de crescimento econômico – o dos países da OCDE, para sermos mais claros –, o aumento relativo da desigualdade esgarça os laços comunitários, independentemente do nível de riqueza dessa sociedade[16]. Um excelente motivo para defender o igualitarismo é o fato da desigualdade impedir que cuidemos uns dos outros e, assim, rouba-nos uma fonte importante de realização pessoal.

A ética do cuidado relaciona explicitamente o tipo de pessoas que deveríamos desejar ser – um ideal de bem viver – com o tipo

---

16 Richard Wilkinson; Kate Pickett, *Desigualdad. Un análisis de la (in)felicidad colectiva*, Madrid: Turner, 2009, pp. 72 ss.

de relações sociais que podemos aspirar desenvolver como animais racionais e dependentes e sua incompatibilidade com característi- cas fundamentais do capitalismo, como a desigualdade material e o individualismo. Nesse sentido, essa ética não apenas questiona o ci- berutopismo como também permite que os projetos pós-capitalistas se reencontrem com sua própria tradição moral, que eles mesmos se esforçaram tragicamente em negar. As organizações de esquerda não só têm um plano alternativo ao capitalismo, nem sempre apetecível ou razoável, como também entesouram uma história de cooperação muito interessante caracterizada por um fortíssimo compromisso praticamente sem comparação na modernidade.

Em sua crítica do internetcentrismo, Morozov recorda a posi- ção de Kierkegaard em relação aos incipientes meios de comunicação de massa da primeira metade do século XIX[17]. Enquanto a maioria de pensadores da época saudava a expansão dos jornais e revistas como um meio de democratização, Kierkegaard pensava que a impren- sa funcionaria em detrimento da vida política. Os jornais estavam à margem das estruturas de poder, mas facilitavam a seus leitores man- ter opiniões muito vivas sobre quase qualquer assunto de interesse público. Por outro lado, não desenvolviam proporcionalmente o im- pulso de agir em consequência. Ao contrário, a saturação de opiniões e informações contrapostas levava a postergar indefinidamente qual- quer decisão importante. A imprensa, em definitivo, destruía a genu- ína atividade política, que, para Kierkegaard, estava relacionada aos compromissos intensos e às escolhas arriscadas.

As organizações revolucionárias do século XX parecem ter le- vado Kierkegaard muito a sério. As histórias de aventuras e perse- guições dos revolucionários profissionais leninistas podem agradar ou não. Mas é inegável que foram apostas arriscadas, em um sentido muito literal, e comprometidas. Em compensação, os ativistas cer- tamente não se destacaram no campo dos cuidados. Ulrike Meinhof, por exemplo, tentou mandar os filhos para um orfanato na Palestina. Há algo de paradoxal nisso, pois esses sujeitos desenvolveram um tipo

---

17 Evgeny Morozov, *op. cit.*, p. 184 ss.

de compromisso profundo e de livre escolha que na modernidade só conhecemos em massa em sua expressão familiar. Só uns poucos revolucionários de profunda sabedoria moral entenderam esse paralelismo. Em 1936, um anarquista lembrava Durruti com estas palavras:

> Uma tarde, fomos visitá-lo e o encontramos na cozinha. Ele estava de avental, lavando a louça e preparando o jantar para sua filhinha Colette e sua mulher. O outro amigo que me acompanhava arriscou uma brincadeira: "Ei, Durruti, isso é trabalho de mulher". Durruti respondeu ríspido: "Tome isto como exemplo: quando minha mulher vai trabalhar, eu limpo a casa, arrumo as camas e faço a comida. Além disso, dou banho na minha filha e troco suas fraldas. Se você acha que um anarquista tem que ficar enfiado num bar ou num café enquanto a mulher trabalha, quer dizer que não entendeu nada".

A declaração de Durruti não é a recíproca desta outra, de Simone do Beauvoir: "Não deveria ser permitido a nenhuma mulher ficar em casa para criar os filhos. [...] As mulheres não deveriam ter essa opção".

Durruti entendeu que o trabalho de cuidar deve ser entendido como uma capacidade importante que faz parte do processo de realização de uma pessoa plena, e não apenas como uma carga histórica que deveria ser tirada das costas das mulheres.

A maioria das organizações de esquerda é cega a essa realidade. Há anos, em uma assembleia de bairro do movimento 15M, discutia-se qual era o melhor horário para as reuniões. Até então eram realizadas aos sábados perto do meio-dia, mas o calor do verão começava a apertar. Havia alguns pais e algumas mães de crianças pequenas que sugeriram como alternativa as dez da manhã. Os jovens sem filhos protestaram horrorizados: eles saíam nas noites de sexta-feira e era impensável acordar tão cedo. Na opinião deles, era muito melhor marcar as assembleias para as oito da noite. Os pais e mães responderam que a essa hora eles estavam ocupados dando banho, preparando o jantar e contando histórias. O que me chamou a atenção foi o fato de os jovens sem filhos aparentemente acharem que cuidar de uma criança é só mais uma opção entre tantas e que, portanto, não merecia especial consideração. Tem gente que gosta de sair para se divertir na sexta à noite e tem gente que gosta de ter filhos. Cada qual escolhe entre beber cerveja ou trocar fraldas como quem opta entre Visa ou MasterCard. Fim da história.

Por outro lado, muitas organizações revolucionárias surgiram como associações de apoio mútuo que procuravam mitigar a destrutividade social do capitalismo. Pareciam muito mais com refeitórios populares do que com células clandestinas militarizadas. Essa é uma herança institucional muito valiosa que liga as aspirações modernas de emancipação a correntes antropológicas, praticamente universais, que tiveram diversas declinações organizativas ao longo da história. Por exemplo, um recurso de uso comum é, em essência, um sistema de cuidado mútuo institucionalizado baseado no compromisso, ainda que não necessariamente na empatia e na solidariedade. Do mesmo modo, os membros de uma corporação profissional tradicional mantinham vínculos laborais com conotações de dependência e reciprocidade ininteligíveis a partir da nossa percepção de o que significa uma relação profissional. Para um mestre de uma oficina corporativa, pareceria absurda a possibilidade de demitir um aprendiz incompetente, mais ou menos como se resolvêssemos banir um sobrinho antipático.

As organizações antagonistas tentaram ir além, questionando as sujeições características das estruturas comunitárias arcaicas e procurando filtrar as sedimentações opressoras. Sem dúvida, foi um passo em falso. Não porque fosse uma má ideia, mas porque tentaram fazê-lo rompendo com a ética do cuidado e da codependência por meio do objetivismo. Talvez por isso os revolucionários demonstraram muito mais interesse pelas falsas promessas das ciências sociais do que pela ética. E talvez por isso a burocratização dos cuidados mútuos por meio de um sistema racional e impessoal tenha sido uma das grandes ameaças enfrentadas pelos projetos de emancipação. Não sei se o esquerdismo é a doença infantil do comunismo, mas certamente a burocracia é sua demência senil.

Há muitos anos, o filósofo Carlos Fernández Liria me disse que acreditava no socialismo como uma ideologia para gente cansada, para pessoas que precisam tirar férias do mercado de trabalho, do consumo, da publicidade e até do lazer. Eu acho que, na realidade, é uma ideologia para pais e filhos cansados. Deveríamos desconfiar daqueles projetos de libertação que não só não dizem nada sobre a dependência mútua, como a maioria parte dos programas políticos modernos, mas literalmente não podem dizer nada sobre ela, como é o caso das propostas identitárias pós-modernas e do ciberutopismo. A emancipação e a igualdade, a livre realização em comum de nossas capacidades não podem ser dissociadas do mútuo cuidado de nossas debilidades: de certo modo, seria conceder demais ao capitalismo. A codependência não tutelada é a matéria-prima com que podemos desenhar um entorno institucional amigável e igualitarista.

imaginação institucional

Durante muito tempo, os cientistas sociais se esforçaram para descrever os laços comunitários em termos muito abstratos, explicitamente formais ou não. Os resultados foram francamente pobres. A época heroica das ciências sociais terminou. Embora não se acumulem as denúncias sobre suas falsas promessas, ninguém leva muito a sério as elucubrações de Talcoltt Parsons ou Lévi-Strauss.

Contudo, os efeitos cotidianos desses saberes-zumbis persistem amplificados. As ciências sociais nasceram no século XIX como uma tentativa de confrontar teoricamente os dilemas práticos da modernidade. O ciberutopismo e a sociofobia são a herança prática dessa aspiração, já desativada conceitualmente e transformada em uma cosmovisão pouco definida, mas muito difundida. A ideologia digital apoia-se no extraordinário desenvolvimento tecnológico de nossas sociedades, mas seu fundamento é uma representação da nossa vida em comum como uma simples categoria conceitual, definida por suas propriedades abstratas, unindo indivíduos frágeis e fluidos.

A pós-modernidade adaptou-se às falsas promessas das ciências sociais, um pouco como aqueles raelianos que se suicidam para realizar as profecias em que acreditam. É como se as pessoas tivessem concordado em rebaixar sua percepção da realidade social à escala explicativa dos economistas, sociólogos e psicólogos. A sociabilidade digital é muito expansiva, porque é uma pura relação formal cuja correção se estabelece antes de avaliar seu conteúdo material. O segredo está em que quase não tem conteúdo, como ilustra uma parábola de MacIntyre:

Era uma vez um homem que queria criar uma teoria geral dos buracos. Quando lhe perguntavam "Que tipo de buracos? Aqueles que as crianças cavam na areia por diversão? Aqueles que os sitiantes cavam para plantar pés de alface? Ou seriam poços? Ou os buracos abertos pelos operários quando constroem estradas?", ele costumava responder, indignado, que buscava uma teoria geral para explicar *todos* os buracos. Ele rechaçava, *ab initio*, a ideia – a seu ver – pateticamente típica do senso comum de que a abertura de diversos tipos de buracos deve receber tipos de explicações totalmente diferentes; do contrário, costumava perguntar, por que existiria o conceito de buraco? Ao constatar que não obtinha as explicações que procurava originalmente, incorria na descoberta de correlações estatisticamente importantes; por exemplo, achava que existe uma correlação entre a quantidade de buracos abertos em uma sociedade, tal como são contabilizados – ou pelo menos hão de sê-lo um dia, por meio de técnicas econométricas –, e o grau de desenvolvimento tecnológico dessa sociedade. Os EUA superam tanto o Paraguai como o Alto Volta na abertura de buracos. Também descobriu que a guerra acelera a abertura de buracos: hoje há mais buracos no Vietnã do que antes da guerra. Essas observações – sempre costumava insistir – eram neutras e isentas de valor[18].

Com muita frequência os cientistas sociais se limitam a recolher conceitos cotidianos – portanto, vagos e unidos por um mero ar de família, como o de "buraco" – para, em seguida, elaborar teorias vazias, mas dotadas de alto grau de sofisticação formal e, às vezes, erudição. A construção dessas teorias *sui generis* consome uma quantidade formidável de tempo e esforços, e além disso elas influenciam as políticas públicas e até se incorporam a elas por meio de processos onerosos, moralmente ambíguos e de eficácia mais que duvidosa.

As teorias econômicas, sociológicas, políticas, pedagógicas e psicológicas desempenharam um papel importante em algumas das principais transformações políticas da modernidade. Frequentemente se solicitou o concurso direto ou indireto de cientistas

---

[18] Alasdair MacIntyre, "¿Es posible una ciencia política comparada?", em: Alan Ryan, *La filosofía de la explicación social*, Madrid: FCE, 1976, p. 267.

sociais na organização da justiça, na regulação da economia e nas relações trabalhistas, na educação, na estratégia militar ou na assistência social. Contudo, raríssimas vezes as diversas teorias sociais foram questionadas pelos paupérrimos resultados obtidos, que costumam ser claramente inferiores aos obtidos quando simplesmente se aplicou o senso comum ou se continuou com as práticas habituais, não plasmadas por critérios supostamente técnicos. Em um conhecido experimento informal, o *Wall Street Journal* fez um macaco de olhos vendados lançar dardos contra um alvo que tinha fixadas as cotações da bolsa de valores. A carteira de ações do macaco conseguiu melhores resultados que 85% dos fundos de investimentos norte-americanos.

De fato, os economistas transformaram sua especialidade em um ramo da matemática aplicada cuja relação com a subsistência material, os processos produtivos e as trocas nas sociedades históricas é extremamente remota. Como afirmava o cientista político Peter Gowan, o saber acumulado pelos peritos em finanças é muitas vezes um empecilho para entender a realidade econômica. Os especialistas perpetram de forma recorrente propostas práticas que atentam contra o mais elementar senso de prudência. O sistemático fracasso dessas ideias não abalou em nada a veemência daqueles que defendem sua validade. O fato de que Karl Popper, um pensador obcecado com a verificabilidade das teorias científicas, seja praticamente o único filósofo da ciência cujas obras são lidas nas faculdades de economia apenas acrescenta ironia a essa espécie de sonho idealista que muitas vezes se confunde com o rigor dos matemáticos.

Na ciência autêntica, as operações dedutivas são empiricamente frutíferas, porque se conseguiu atingir núcleos estáveis de inteligibilidade dos fenômenos que se pretende explicar. Por isso, na física podemos trabalhar matematicamente com grandezas bem definidas e obter resultados com um sentido muito preciso. Nada disso ocorreu no campo das ciências sociais, tampouco no da economia. Nossa racionalidade e irracionalidade práticas são particularmente resistentes à formalização. Claro que, com a devida paciência, pode-se codificar praticamente qualquer coisa, até relações familiares ou de afinidade. Mas, em um ambiente pseudoformalizado, as operações realizadas com os códigos não terão nenhum significado empírico, sendo apenas elaborações especulativas, às vezes com um sofisticado aspecto matemático.

As ciências sociais são praxiologias, assim como a tradução, a culinária, a política, a compreensão de textos, a educação dos filhos, as práticas esportivas, a agricultura, a interpretação musical... Em todos esses campos há conhecimento e ignorância, distância entre o acerto e o erro. Trata-se de conhecimentos práticos, em que a experiência, a recepção e a ampliação da bagagem empírica passada, a imaginação ou a elaboração analítica são determinantes. O pecado original das ciências sociais é extrapolar as noções próprias desses saberes cotidianos e utilizá-las como se fossem conceitos científicos propriamente ditos. A ciência simplesmente não avança por meio da sistematização de conceitos práticos do senso comum. Antes, ao contrário, pressupõe uma ruptura com nossa experiência cotidiana.

Aristóteles denominou *phrónesis*, aproximadamente "prudência", o tipo de sabedoria prática que colocamos em jogo quando queremos mudar as coisas para melhor, seja nossa própria vida, sejam os acordos públicos. O *phrónimos*, a pessoa com sabedoria prática, é aquela capaz de se comportar da forma idônea em situações que não podem ser reduzidas a princípios gerais. A prudência não é um conhecimento teórico a respeito da experiência, e sim o tipo de saber que aflora na própria prática: não um crítico gastronômico, mas um cozinheiro; não um pedagogo, mas um professor... A *phrónesis* não é bem vista porque parece uma espécie de conhecimento acaciano pouco sofisticado, pois consiste em encontrar o meio-termo entre comportamentos extremos: evitar tanto a avareza como o esbanjamento, a imprudência tanto quando a covardia... Na realidade, é o contrário: a *phrónesis* resolve dilemas práticos muito intensos, frequentemente trágicos, como o comportamento no campo de batalha ou a relação adequada com um amigo ou um filho. Essa solução só nos parece de senso comum depois que a achamos, ao concluir a deliberação com êxito. Justamente a única prova existente de que encontramos uma resposta para um problema prático é que pareça razoável. Quando os mais sábios ou os mais numerosos encontram uma saída para um dilema, ela nos parece evidente; mas isso não significa que o fosse antes desse processo de reflexão.

A pós-modernidade ciberutópica é especialmente receptiva à abstração das ciências sociais, porque é uma maneira eficaz de se autoenganar a respeito da superação dos dilemas modernos sem o concurso dessa espécie de inteligência prática tentativa. Se assumirmos um ponto de vista estritamente formal, a questão de qual deveria ser a arquitetura política que permitiria a superação dos problemas públicos urgentes poderá ser considerada como respondida de antemão: nenhuma. Os ciberfetichistas não precisam de liberdade conjunta – ou seja, em comum –, mas apenas simultânea – ou seja, ao mesmo tempo. A internet fornece um sucedâneo epidérmico da emancipação por meio de doses sucessivas de independência e conectividade. As metáforas sociais das redes digitais distribuídas fazem com que as intervenções políticas consensuais pareçam toscas, lentas e tediosas se comparadas ao dinamismo espontâneo e orgânico da rede. O desenho formal digital permite esperar que as soluções ótimas surjam automaticamente, sem correções resultantes de processos deliberativos.

No fundo, é o reflexo inconsciente de uma velha aspiração ultraliberal. Naomi Klein dizia, com razão, que o arqui-inimigo de Milton Friedman não era tanto o comunismo, que ele considerava apenas equivocado, como o keynesianismo[19]. Considerava que Keynes tinha proposto uma amálgama imprecisa e repugnante, que não renunciava ao jogo da oferta e da demanda, mas aceitava que as instituições políticas o distorcessem. O neoliberalismo exigiu que os procedimentos através dos quais organizamos nossa subsistência fossem tão coerentes e consistentes como uma linguagem bem formada, o tipo de codificação que os lógicos dominam. Desse ponto de vista extremo, as propriedades abstratas são mais importantes que os efeitos materiais. O ciberfetichismo e o consumismo têm retroalimentado essa expectativa do âmbito extraeconômico. Consequentemente, as relações sociais que, por sua natureza, não podem responder a essa estreita definição formal tornaram-se invisíveis, como o cuidado mútuo, os vínculos duradouros e a própria prática política em seu sentido mais pleno.

---

19 Naomi Klein, *La doctrina del shock,* Barcelona: Paidós, 2007, p. 84.

Apesar de sua pobreza, a espontaneidade formalista das redes sociais e a conectividade digital nos parecem uma boa opção, porque a política analógica mostra-se assombrosamente ineficaz perante o poder do mercado. Em agosto de 2011, uma modesta carta do presidente do Banco Central Europeu fez voar pelos ares um dos grandes tabus da democracia espanhola. Durante décadas, a postura unânime de todo o arco parlamentar espanhol foi que não era possível a menor alteração constitucional. A Constituição de 1978, dizia-se, era o documento de um processo político essencial, a Transição, que nos tirara da ditadura franquista. Qualquer alteração em suas delicadas engrenagens a paralisaria e nos precipitaria no confronto fratricida e no atraso social. Contudo, em apenas alguns dias, governo e oposição acertaram em segredo uma emenda constitucional que estabelecia um teto de déficit público, introduzindo na carta magna uma limitação da capacidade de decisão de um país em benefício do poder do mercado.

As únicas versões da soberania coletiva que conhecemos hoje são resultado não da racionalidade coletiva, mas sim, antes, de impulsos atávicos, religiosos ou identitários. Imaginamos o mundo islâmico como um magma coletivista e, por isso mesmo, fanático e irracional. O ciberfetichismo e a sociofobia são a fase final da aceitação da heteronomia terminal moderna, quando já sem ira nem negação nos submetemos ao mercado e procuramos emular socialmente seus dispositivos básicos.

O maior desafio ao ciberfetichismo e a sociofobia não é o ludismo ou o comunitarismo, mas a concreção política. As pessoas podem fantasiar com a ideia de que a interação social formalmente inspirada nas redes digitais pode contribuir para superar a alienação laboral, a pobreza, a solidão ou os problemas ambientais. Mas esse tipo de sonho antipolítico é incompatível com o desenho institucional detalhado. Os acordos coletivos voltados a promover o cuidado mútuo, a igualdade e o desenvolvimento das capacidades humanas precisam reivindicar a soberania democrática sobre a heteronomia mercantil. Tampouco basta defini-los em termos abstratos e pô-los em funcionamento, como se fossem uma rede neuronal. Eles exigem um compromisso pragmático constante com sua correção e melhora, como uma tradução literária ou um recurso de uso comum.

Por exemplo, durante algum tempo, o microcrédito pareceu uma grande esperança de transformação social para os países pobres. Uma das razões de sua popularidade reside em ser uma espécie de versão econômica da cooperação digital. O microcrédito se parece com uma estratégia reticular que não necessita de uma coordenação centralizada. Funciona como um impulso inicial financista que produz um processo espontâneo e autônomo de empoderamento. Idealmente, fornece ferramentas econômicas para que as famílias desenvolvam seus próprios projetos, sem necessidade de que sejam criadas instituições políticas alternativas para intervir nesse processo de forma substantiva e sustentada. Contudo, em 2012 houve uma onda de suicídios na Índia ligada aos microcréditos, que evidenciou como a iniciativa havia dado lugar a uma borbulha financeira que apanhou muita gente sem recursos. Pessoas muito pobres que tinham solicitado pequenos empréstimos tiravam a própria vida diante da impossibilidade de honrar os pagamentos de suas dívidas. A explicação dada pelos partidários dos microcréditos é que o projeto inicial de Muhammad Yunus, que tinha uma finalidade social, fora descaracterizado por empresas especulativas. É verdade, mas isso é revelador de quão irrealistas se mostram as propostas de transformação social que não levam em conta o ambiente institucional em que se desenvolverão, como, por exemplo, a ausência de limitações para as práticas usurárias. É uma experiência surpreendentemente semelhante ao fracasso do projeto do computador de cem dólares, de Nicholas Negroponte.

A tradição antagonista moderna ocupa um lugar estranho nessa paisagem. Os revolucionários desenvolveram ferramentas conceituais muito úteis para diagnosticar as limitações políticas do capitalismo, mas não ousam desprezar algumas das falsas promessas do formalismo. De modo geral, o que o socialismo disse sobre o contexto produtivo pós-neolítico – ou seja, as sociedades industriais – é que o capitalismo é incapaz de administrá-lo. É um sistema ineficaz, no sentido de que desperdiça sistematicamente as possibilidades que ele mesmo gera. Não consegue tirar partido de sua própria potência histórica. Isto é, mais que o fato de o capitalismo não ser o sistema que mais desenvolve as forças produtivas (muito provavelmente o seja) é que o uso que ele faz dessas forças é socialmente medíocre.

Em linhas bem gerais e grosseiras, o nível tecnológico atual deveria permitir que muitíssima gente estivesse muito melhor do que está, sem que a situação dos que vivem melhor piorasse significativamente. Em um sistema alternativo, com certeza alguns hiper-ricos deveriam abrir mão dos seus iates com poltronas forradas com pele de pênis de baleia, talvez a classe média japonesa se visse obrigada a aceitar que uma vida sem privadas inteligentes é digna desse nome e os norte-americanos tivessem de entender que as ciclovias não significam a antevéspera do Apocalipse. Mas, por outro lado, perto de um bilhão de pessoas poderia deixar de passar fome e um número semelhante poderia aprender a ler e escrever. Por outro lado, considerando-se os limites ecológicos do nosso planeta, o consumismo norte-americano está com seus dias materialmente contados: no caso da maioria dos países ocidentais, a sustentabilidade já equivale à desaceleração. Com efeito, é um fato comprovado que uma maior igualdade de renda produz benefícios – em termos de esperança e qualidade de vida e baixa incidência de diversos problemas sociais – em todos os estratos sociais, não só entre os mais desfavorecidos.

Embora pareça uma argumentação impecável, é mais problemática do que parece. Um dia eu estava ministrando um curso sobre teoria marxista e expliquei o problema da ineficácia capitalista dando como exemplo uma famosa lâmpada que está funcionando há mais de cem anos, em um quartel de bombeiros da Califórnia. Parece que, nas primeiras décadas do século XX, os principais fabricantes de lâmpadas se reuniram e combinaram limitar artificialmente a mil horas a vida de seus produtos, embora pudessem durar muito mais. É um bom exemplo de como o capitalismo é incapaz de explorar todas as suas potencialidades materiais e sociais, porque seu único motor é a busca do lucro privado. Raul Zelik, um professor alemão de ciência política que estava presente, levantou a mão e me perguntou com sarcasmo: "Gostei muito dessa história, mas, então, como se explica que na Alemanha Oriental as lâmpadas durassem não mil, e sim quinhentas horas? E isso sem necessidade de um acordo entre os fabricantes".

Pode ser que o capitalismo seja um sistema socialmente medíocre. Mas daí não resulta que haja outro sistema viável mais eficaz. Nós, anticapitalistas, decidimos de forma um tanto acrítica que existe uma alternativa social que organiza melhor os recursos que o capitalismo põe em jogo. E se não for assim? E se a melhor opção, simplesmente, não estiver disponível para as sociedades humanas?

O socialismo clássico, Marx incluído, partiu do princípio de que uma distribuição planejada dos recursos deveria ser mais eficaz que o caos do mercado. À primeira vista, a forma como o capitalismo satisfaz as necessidades sociais é como se atirassem 30 dardos ao mesmo tempo contra um alvo, para ver se algum deles acerta na mosca. O fornecimento competitivo de bens e serviços é uma fonte de desperdício de proporções homéricas. Calcula-se que um terço da comida da União Europeia acaba no lixo. Os 40 milhões de toneladas de comida que são jogados fora a cada ano nos EUA bastariam para alimentar todas as pessoas que passam fome no mundo.

Por outro lado, também dispomos de uma grande quantidade de informação sobre as dificuldades empíricas que se enfrentariam em um sistema centralizado que procurasse minimizar essas ineficácias. Estranhamente, as reflexões sobre o período soviético e os problemas das economias planejadas rarearam depois da transição ao capitalismo dos países do Pacto da Varsóvia. Os países do chamado "socialismo real" modernizaram seu setor primário com grande rapidez e razoável sucesso. Também foram capazes de proporcionar serviços sociais complexos e difíceis de administrar, como educação e saúde avançadas, de um modo relativamente eficaz. Entretanto, fracassaram na tentativa de fornecer bens e serviços de consumo. Evidentemente, os custos políticos – em termos de repressão, violência, autoritarismo e alienação – foram enormes e sistemáticos, e não deveriam ser postos de lado, como uma particularidade local do socialismo eslavo ou oriental.

A resposta habitual da esquerda não soviética às limitações do socialismo real é que a raiz de seus problemas eram a burocracia e o autoritarismo. É verdade que a burocracia tende a ritualizar os procedimentos administrativos, transformando-os em um fim em si mesmo, algo aparentemente incompatível com uma economia dinâmica que exige respostas adaptativas às diferentes situações. Além disso, ao especializar e codificar as tarefas de gestão, delega-se uma parte crucial do poder de decisão aos diretores administrativos.

Desse ponto de vista, a solução para os problemas históricos do planejamento seria a democracia. Bastaria expulsar os burocratas de suas cadeiras e permitir que os trabalhadores decidissem em assembleia os detalhes da produção para que o planejamento funcionasse. É uma tese simpática, mas equivocada. A burocracia é, de fato, uma resposta racional ao gigantesco problema de programar a totalidade da economia de uma sociedade complexa. Os exércitos são sociedades planejadas bastante simples e estão cheios de burocracia, embora não seja um componente essencial de seu sistema de estratificação.

O verdadeiro problema da centralização tem que ver com não estar bem claro se temos a capacidade de planejar as decisões econômicas idôneas, mais do que com a motivação dessas decisões. O fornecimento de bens e serviços em uma economia complexa é o resultado agregado de um volume avassalador de microdecisões. Qualquer procedimento deliberativo, autoritário ou democrático, enfrentará um alto nível de incerteza por não poder levar em consideração todas essas situações. Alec Nove, um economista socialista crítico da centralização soviética, resumiu esses problemas com agudeza:

> Pode-se dar uma ordem: "produza 200 mil pares de sapatos", que seja identificável e realizável. Mas dizer "produza *bons* sapatos que se adaptem ao pé do consumidor" é uma ordem muito mais vaga, impossível de cumprir. (De modo semelhante, posso receber a ordem clara de dar 50 conferências, mas não é tão fácil fazer com que se cumpra a ordem de dar 50 *boas* conferências.) Isso também mostra os rigorosos limites do planejamento em quantidades físicas. O mesmo número de toneladas, metros ou pares pode ter valores de uso muito diferentes e satisfazer necessidades muito diversas. Em todo caso, a qualidade é um conceito muitas vezes inseparável do uso e, por isso, um vestido ou uma máquina pode estar perfeitamente de acordo com as normas técnicas e, no entanto, não ser apropriado para um cliente ou um processo

fabril concreto. Como superar esse problema quando os planos são ordens de uma autoridade superior (os planejadores centrais ou os ministérios) e não dos usuários[20]?

Isso não quer dizer que o mercado seja uma alternativa particularmente elegante à centralização. Mesmo idealmente, consiste em um descomunal processo de tentativa e erro que desperdiça enormes quantidades de esforço social. Mas não está claro que o planejamento possa, nem sequer teoricamente, estabelecer qual é a oferta e a demanda de bens e serviços globais de uma sociedade complexa, e muito menos determinar os processos produtivos e organizativos necessários para que se ajustem.

Uma resposta técnica aos limites da centralização foi a automatização. Existe uma longa tradição de tentativas de informatizar o planejamento socialista. É a pré-história do ciberfetichismo e da cooperação digital. Em resumo, a ideia é que, se a burocracia falha porque é complicada, lenta e está sujeita a fraquezas humanas como o apego ao poder, então talvez seja conveniente substituir os burocratas por máquinas rápidas e eticamente neutras. A história da computação na URSS está estreitamente ligada ao desenvolvimento de ferramentas informáticas que permitissem uma distribuição ótima dos recursos disponíveis minimizando as interferências burocráticas[21]. Os economistas soviéticos procuraram uma espécie de substituto digital do livre-mercado. No planejamento cibernético, as ferramentas informáticas substituiriam os preços na tarefa de fornecer a informação de que o sistema precisa sobre as preferências de cada agente individual ou coletivo e estabeleceria os resultados maximizadores.

Claro que não há nada de insensato em pensar que os computadores podem ser úteis na organização econômica. Os limites do planejamento, no entanto, não estão relacionados exatamente à capacidade de cálculo, mas são, antes, resultado de um dilema pragmático. As microssituações que compõem uma economia complexa

---

20 Alec Nove, *La economía del socialismo factible*, Madrid: Siglo XXI, 1987, p. 111.
21 Francis Spufford, *Abundancia roja,* Madrid: Turner, 2011.

são dinâmicas, só se definem quando, de fato, se dão, e essa definição é qualitativa. A definição de um "bom sapato", para seguir com o exemplo de Nove, é contextual e muito difícil de definir *a priori* (sapatos para regiões de calor, de montanha, para tempo frio e seco, para a chuva...). Do mesmo modo, a disponibilidade ou a falta de certas mercadorias ou serviços altera as preferências dos consumidores e produtores.

Curiosamente, as aporias do planejamento computadorizado guardam grandes semelhanças com alguns limites importantes da economia ortodoxa. Todos os manuais de microeconomia tomam como ponto de partida um modelo denominado "concorrência perfeita". Parece uma situação familiar, uma espécie de mercado persa em que compradores e vendedores regateiam propondo diferentes preços. Na realidade, é exatamente ao contrário, uma cena irreal muito próxima ao mercado digital centralizado que alguns economistas soviéticos tentaram desenvolver. A máxima preocupação dos economistas é propor modelos formais sofisticados, e a matematização de um cenário realmente competitivo enfrenta graves limitações teóricas. Mas, evidentemente, ninguém deixa que a realidade social venha lhe estragar uma equação elegante, mesmo que para isso tenha que descrever o capitalismo como se fosse um plano quinquenal:

> O modelo de concorrência perfeita parte do pressuposto de que os agentes não têm autorização para propor preços para os bens que querem vender ou comprar. Os preços estão "dados" desde o princípio. Não resultam de um processo de negociações e intercâmbios sucessivos entre os membros da sociedade [...]. Os autores de livros didáticos sabem que o modelo de concorrência perfeita descreve um sistema centralizado. Mas é algo muito difícil de aceitar, e por isso nunca o dizem às claras. Por vezes mencionam um "leiloeiro" que aprega os preços básicos para as trocas, mas nunca apontam sua existência nos índices de seus livros, em geral muito detalhados. É como se tivessem vergonha dele[22].

---

[22] Bernard Guerrien; Sophie Jallais, Microeconomía. *Una presentación crítica,* Madrid: Maia, 2008, pp. 32 e 34.

Do ponto de vista dos economistas, somos como autômatos que se julgam livres: queremos a quantidade de bens que deveríamos querer ao preço que deveríamos estar dispostos a pagar se o mercado tivesse sido concebido por um grande planejador. No fundo, não é uma má descrição do absurdo do capitalismo real. O que a economia neoclássica faz é trasladar o dilema do planejamento social para o interior da cabeça das pessoas que participam de uma economia de mercado. Como se em nosso cérebro o conceito de "bom sapato" fosse uma espécie de ideia platônica perfeitamente estabelecida. É uma tese particularmente estranha no que tange a bens e serviços complexos e com profundas externalidades, como a moradia, o transporte e a energia, cuja definição é dinâmica e parece necessitar do concurso de processos de reflexão coletiva e normas sociais.

Por exemplo, em 1950, na Espanha, 60% das viagens eram feitas por ferrovias e só 40% por rodovias. No final da década de 1990, o transporte por ferrovia se reduziu a menos de 6% e o de estradas superou os 90%. Essa mudança não foi resultado de um conjunto de preferências individuais acontextuais, e sim de um conluio de políticas públicas ativas e custosas (a Espanha é hoje o primeiro país europeu em quilômetros de estrada por veículo e habitante) e interesses privados das elites econômicas do setor automotivo e da construção. O fomento do transporte privado rodoviário em detrimento de outras alternativas redefiniu a estrutura física das cidades e transformou nossa ideia de o que seja um meio de transporte eficaz. Por isso, optamos por um tipo de veículo espantosamente lento (a velocidade média dos carros nas grandes cidades é de 15 km/h), caro e sujo. Nossa necessidade de um automóvel e o interesse de muita gente pelos carros como símbolo de prestígio são em parte resultado de dinâmicas que, se submetidas a um processo de debate em comum, talvez pudessem ter sido revertidas. Quando desejamos um carro, reverberam em nossos circuitos libidinais 60 anos de economia política.

Para os economistas ortodoxos, o mercado atua como uma espécie de mente-colmeia, que, por um lado, torna desnecessário um acordo sobre as preferências coletivas e, por outro, permite-nos superar nossas limitações em apurar o melhor modo de satisfazê-las. A reflexão pública é dispensável. As decisões coletivas são um subproduto involuntário da interação social entre indivíduos que não se coordenam entre si. Por meio dos preços, cada indivíduo é informado do que precisa saber para organizar suas preferências econômicas, que são perfeitamente claras.

O certo é que a atomização das decisões e a ausência de deliberação coletiva aumentam drasticamente o risco de que as irracionalidades individuais se retroalimentem, gerando uma catastrófica bola de neve coletiva. Costumamos chamar essa avalanche histórica de "capitalismo". A ficção do leiloeiro, intuitivamente estranha, aponta que, na realidade, não existe nenhuma razão para se pensar que o cruzamento de decisões maximizadoras individuais dê lugar a um estado de coisas desejável para a maioria. Adam Smith e os fundadores do liberalismo do século XVIII recorreram à providência divina para acreditar que assim seria. Hoje, temos a teoria de jogos, uma ciência de fundamentos sensivelmente mais fracos que a teologia.

De um ponto de vista estritamente individual, não podemos saber ao certo o que queremos. Karl Polanyi afirmava que, em uma sociedade de mercado, nossas preferências são desestruturadas. Dizia isso no sentido de que não dispomos de um marco de normas para orientar nossas prioridades. É uma boa aproximação à ruína do consumismo. Mesmo quando tentamos ser razoáveis e antepor aos bens supérfluos a satisfação de nossas necessidades básicas, como moradia, alimentação e vestuário, acabamos com uma hipoteca de 40 anos por um geminado em Marina D'Or, a bordo da obesidade mórbida de tanto comer gorduras hidrogenadas e vestidos com objetos ridículos de sobrepreço obsceno.

Na realidade, a coisa é mais complicada ainda. Nem sequer conseguimos que nossas preferências respeitem mínimos padrões de coerência formal. Nossas valorações são intrinsecamente ambíguas, não estão bem definidas em nossa cabeça, são conceitos difusos. Por isso, a forma como descrevemos uma mesma situação afeta muito nossas decisões. Quando alguns postos de gasolina norte-americanos começaram a cobrar uma taxa dos usuários que pagassem com cartão de crédito, ocorreu um movimento de boicote dos consumidores. A resposta dos postos de gasolina foi aumentar os preços para todos e oferecer um desconto a quem pagasse em dinheiro vivo. O boicote foi cancelado.

Como no caso da sociabilidade na internet, o preço a pagar por uma concepção formal da lógica da preferência é uma oferta colossal das exigências de racionalidade. Na realidade, se estivermos dispostos a aceitar a pobreza, a desigualdade, a poluição e a ignorância como resultados aceitáveis dos processos econômicos, é difícil pensar em um sistema produtivo que não seja capaz de cumprir expectativas tão baixas. A única vantagem do mercado é que suas falhas, que não são necessariamente menores que as de um sistema centralizado, parecem menos evidentes ou urgentes. O fato de que vários milhões de pessoas fiquem sem assistência médica porque não têm dinheiro para pagar esse serviço não parece resultado direto do livre-mercado tanto quanto o desabastecimento de meias três-quartos parece responsabilidade direta do planejador, que deveria ter previsto essa necessidade. O livre-mercado nos municia de antolhos para ignorarmos nossas limitações práticas, o planejamento é uma lupa que as aumenta. Mas ambos os projetos baseiam-se em falsas promessas formalistas, o tipo de ilusão que o ciberfetichismo converteu em projeto utópico alienante.

Para avaliar as opções institucionais sem as distorções formalistas introduzidas pela aspiração a um planejamento ou a um livre-cambismo exaustivos, é útil realizar um processo de desintoxicação das ciências sociais. A crítica das falsas promessas do conhecimento social e de seu impacto na vida política não significa que se deva desistir de explicar a realidade humana e que só possamos interpretá-la literariamente. Sim, as ciências humanas são limitadas, mas nossa percepção imediata do mundo social é mais ainda. Não, não existem teorias em sentido estrito da realidade humana. Mas podemos aplicar mecanismos explicativos a diferentes fenômenos sociais.

O termo "mecanismo" alude a um tipo de explicação contingente e de baixo grau de generalização. Trata-se de dispositivos conceituais que só podem ser identificados *a posteriori*, depois de ocorrido um acontecimento que os envolve. São explicações causais, mas descontínuas, que carecem da coerência, da homogeneidade e da capacidade de predição de uma teoria propriamente dita. Jon Elster dá um exemplo ilustrativo:

> Quando as pessoas tentam decidir sua participação em uma ação cooperativa, como recolher o lixo depois de uma festa ou votar em uma eleição nacional, muitas vezes tentam ver o que os outros fazem. Algumas pensam assim: "Se a maioria dos outros cooperar, eu deverei fazer a minha parte, mas, do contrário, não terei nenhuma obrigação de fazê-lo". Outros raciocinam da maneira exatamente oposta: "Se a maioria dos outros cooperar, não haverá nenhuma necessidade de que eu o faça. Se poucos cooperarem, minha obrigação de fazê-lo aumentará". Na realidade, a maioria dos indivíduos está sujeita a esses dois mecanismos psíquicos, e é difícil saber de antemão qual prevalecerá[23].

Pode-se aplicar esse mesmo critério ao âmbito político que as ciências sociais ajudaram a embalsamar. Se renunciarmos às falsas promessas das ciências sociais, talvez possamos reverter seus efeitos sobre nossa imaginação política. Os princípios categóricos inabaláveis, como a liberdade individual, a deliberação democrática e a igualdade material, não acarretam necessariamente propostas institucionais gerais, e muito menos noções universais do laço social. A mudança política radical é compatível com apostas de transformação institucional contingentes, de baixa generalidade e formalidade.

Muitos socialistas, autoritários ou não, tentaram romper as barreiras materiais do capitalismo, mas não questionaram as limitações práticas de uma compreensão abstrata da economia política. Há quem acredite que superar a sociedade de mercado consiste simplesmente em distribuir a riqueza que hoje se concentra em poucas mãos. Na realidade, se distribuíssemos entre todos os espanhóis os lucros anuais da bolsa de valores de Madri em seu recorde histórico, isso daria uns 700 euros por cabeça. Sem dúvida um dinheiro

---

23 Jon Elster, *Tuercas y tornillos*, Barcelona: Gedisa, 1993, p. 18.

bem-vindo para muitos, mas não exatamente a emancipação fraternal.

Um princípio anticapitalista irrenunciável é que nenhuma questão pública seja excluída em princípio dos processos de deliberação democrática. Isso implica uma subversão do consenso dominante nas democracias liberais acerca da subtração do debate político dos processos de acumulação capitalista, dados sempre como garantidos. Mas o princípio de não exclusão da deliberação não equivale a um imperativo exaustivo de intervenção. O problema da exaustividade é obrigar a um alto nível de abstração e a uma baixa dependência do contexto. O pós-capitalismo não é nenhuma garantia de que as coisas darão certo, apenas de que é possível tentar resolver os problemas sem compromissos abstratos.

Isso pode parecer fruto de uma visão estreita quando comparado com as falsas promessas formalistas. Na realidade, a arquitetura institucional de qualquer sociedade baseia-se em preferências substantivas contingentes. No capitalismo real, existente, a aposta no mercado sempre foi condicionada ao enriquecimento das classes dominantes. Quando não cumpriu esse objetivo de modo satisfatório, foi violentamente suspensa. Por isso, os governos contemporâneos consideram a estatização uma alternativa aceitável quando se trata de socializar os inacreditáveis prejuízos dos bancos. O formalismo tem sido uma ferramenta ideológica que explora a sociofobia e o discreto charme da espontaneidade apolítica. Sua máxima expressão é a utopia digital contemporânea. A esquerda, muitas vezes, aceitou esses termos do debate, acreditando que uma alternativa democrática ao caos do mercado devia cumprir suas próprias expectativas conceituais. Por isso, o ciberfetichismo teve tanto impacto nos movimentos antagonistas.

Karl Polanyi acreditava que há modos diversos de institucionalização das relações econômicas, que na realidade sempre convivem: a reciprocidade, a redistribuição, o mercado e a fazenda. Reciprocidade é o tipo de relação que estabelecemos quando trocamos presentes nos aniversários ou no Natal. Não participamos dessas redes de trocas com a intenção de obter alguma coisa, embora demos como certo que algumas pessoas que presenteamos nos corresponderão. Redistribuição é o tipo de estrutura exemplificada nos sistemas tributários: uma instituição central recolhe tributos de cada usuário, depois distribui bens e serviços conforme as regras. O mercado é uma forma de intercâmbio baseado no regateio e na concorrência; participamos dele tentado tirar vantagem dos outros. A fazenda, por último, é um sistema autárquico de produção para uso próprio.

Talvez haja ainda outros modos de institucionalização da economia, mas certamente não serão muitos. A economia real que permite nossa subsistência material é um sistema de contrapesos entre esses diversos dispositivos econômicos. A intervenção política pode alterá-los só até certo ponto, incentivando um modo de institucionalização ou outro. Muitas sociedades tradicionais excluíam do comércio os bens de primeira necessidade, como a terra ou os alimentos. O liberalismo histórico é um sistema que necessita de constantes ingerências redistributivas do Estado para evitar seu colapso. Do mesmo modo, na União Soviética havia relações mercantis informais e um renitente mercado negro. E, evidentemente, sistemas profundos de reciprocidade, como o trabalho de cuidar não remunerado, persistem em qualquer comunidade.

Alec Nove dizia que era absurdo tratar todos os bens e serviços de uma sociedade complexa como se fossem idênticos e devessem ser submetidos ao mesmo regime. Ele entendia que, por um lado, era perfeitamente razoável uma economia planejada e centralizada dos bens contínuos, como a água, a energia e os meios de transporte; por outro lado, pensava que o mercado é uma ferramenta eficaz para produzir certo tipo de bens e serviços, descontínuos ou não, de primeira necessidade. Independentemente de Nove ter razão, o certo é que a mercantilização tende desesperadamente a homogeneizar realidades sem nenhuma relação entre si: transações financeiras e alimentação, trabalho e carros de luxo, propriedade intelectual e moeda. O centralismo soviético cometeu o erro oposto ao pensar que a produção de qualquer bem ou serviço poderia ser planejada com eficácia.

Uma sociedade pós-capitalista deveria ser capaz de articular seu ambiente produtivo por meio de institucionalizações diferenciais dependentes do contexto. Nesse sentido, é crucial discernir aquelas opções econômicas que iniciam processos autodestrutivos difíceis de reverter, como, por razões diferentes, a privatização de bens essenciais e o planejamento autoritário. Mas não existe nenhum princípio prático de organização acontextual. Os partidários das alternativas igualitárias e libertadoras do capitalismo não têm por que conceber um sistema completamente pós-mercantil. Deveriam, antes, pensar em um ambiente social em que as diversas instituições econômicas estejam sujeitas à possibilidade da deliberação democrática. E, por conseguinte, em um sistema em que o alcance dos mecanismos econômicos que com mais facilidade ameaçam a soberania popular e seu fundamento material nos cuidados – como a desigualdade de renda ou a tecnocracia – seja fortemente limitado, independentemente até de sua eficácia organizativa.

Pode parecer pouco ambicioso, mas essa é a triste bruma em que se move nossa racionalidade prática, em que os princípios não contingentes, para além de algumas noções básicas sobre a natureza humana, estão fora de lugar. Talvez não seja uma perspectiva tão distante do programa socialista original. A negativa de Marx em detalhar a sociedade pós-capitalista costuma ser entendida como uma impossibilidade conceitual: o comunismo seria tão exótico, tão radicalmente diferente do nosso mundo, que nem sequer dispomos do léxico adequado para descrevê-lo. Mas pode ser justo o contrário: uma renúncia a expor elaborações abstratas daquilo que é simplesmente o dia a dia da imanência política. É interessante notar, embora raras vezes se comente, que *O capital* não é pródigo em elogios aos revolucionários. Em compensação, já no prefácio do livro, Marx define os inspetores fabris – o equivalente vitoriano dos nossos inspetores do trabalho – como homens "competentes, imparciais e sem contemplações".

Portanto, talvez também coubesse interpretar ao contrário a famosa frase de Marx e Engels, eternamente ridicularizada, sobre o modo como, no socialismo, superaremos a alienação laboral e seremos pintores pela manhã, professores à tarde e médicos à noite. Pode não ser uma aspiração absurda formar *workaholics* multitarefa, e sim uma negativa a aplicar categorias homogêneas a realidades que evidentemente não o são. O salário iguala formalmente atividades que não têm relação umas com as outras, algumas criativas e interessantes, outras tediosas e terríveis. Abrir a imaginação institucional é questionar esse tipo de homogeneização e exigir que a deliberação política respeite a contingência da nossa racionalidade prática. Pensar o pós-capitalismo implica, para começar, negar-nos a qualificar qualquer dado que circula na internet como informação, qualquer atividade remunerada como trabalho e qualquer escolha efetiva no mercado como uma preferência revelada.

As bases do socialismo têm tanto que ver com certos princípios institucionais formais – como o Estado de direito, o parlamentarismo e as assembleias – como com o modelado de realidades humanas duradouras com certo grau de plasticidade. Uma dessas realidades é a ideia de que a economia não é um domínio isolado do resto da vida social, mas, em todo caso, um corte parcial de uma relação prolongada e coletiva. Outra é que somos seres codependentes, frágeis e só em parte racionais, não anjos associais que podem subsistir mantendo relações fragmentárias e esporádicas. Também que nosso mútuo reconhecimento como pessoas soberanas é indissociável da possibilidade real de desenvolvermos uma parte significativa de nossas capacidades humanas. E, claro, que a igualdade material – e não apenas a melhora da situação dos que estão pior ou a igualdade de oportunidades – é uma condição essencial das relações sociais livres e solidárias.

Por isso, os mecanismos institucionais sempre se parecem com o conteúdo de uma caixa de ferramentas. São instrumentos a serviço da deliberação política, que podemos querer aplicar em certas situações, mas que não podemos prever de antemão se decidiremos implementar. As modelações institucionais revolucionárias revelaram um déficit nesse sentido. O conselhismo, o centralismo democrático, o anarcossindicalismo, o cooperativismo... deixaram pouquíssima margem de manobra para as diversas situações e problemas que qualquer sociedade complexa certamente enfrentará, como a corrupção, o autoritarismo ou a simples incompetência. Pensaram a si mesmos como princípios abstratos, e não como dispositivos contingentes.

Ao longo da história, as instituições robustas e estáveis têm sido receptivas à diversidade de motivações e às possíveis debilidades de seus membros. A Igreja Católica é exemplar nesse aspecto (e apenas nesse, certamente). Ao longo de muitos séculos, conviveu com a avareza, a fraternidade, o autoritarismo, a caridade, a submissão, a crueldade, a modéstia, a ânsia de poder, a venalidade e o retiro do mundo. O capitalismo, ao contrário, é muito menos flexível. Tentar fazer com que a concorrência, o egoísmo e o medo se tornem os motores da conduta social não é apenas imoral, mas também muito pouco prático. O capitalismo está em crise permanente e é inacreditavelmente frágil, sobretudo quando comparado a sistemas produtivos que sobreviveram por milhares de anos. Se parece tão resiliente, é porque produz uma extrema dependência do caminho. Uma vez tomada a trilha da privatização e do confronto individualista, é muito difícil voltar atrás.

Em 1920, Richard H. Tawney mostrou como o conflito entre empresários e trabalhadores na indústria capitalista impedia que o cumprimento do dever, ligado a algum propósito social, fosse um vetor relevante na atividade profissional moderna. A vida laboral do capitalismo, dizia Tawney, é organizada em torno da defesa de direitos antagônicos – dos trabalhadores e dos proprietários, mas principalmente dos segundos –, e isso compromete não apenas a possibilidade de realização pessoal da maioria,mas também a eficiência econômica. Muitas experiências cooperativas buscam potencializar os valores ligados ao compromisso, ao dever e à realização profissional defendidos por Tawney.

Conhecemos algumas instituições modernas bem-sucedidas sensíveis à diversidade de motivações, estáveis e ao mesmo tempo socialmente plásticas. Um bom exemplo são as universidades. Suas muitas mazelas raramente nos deixam apreciar que são organizações interessantes. Têm uma considerável autonomia e características praticamente únicas, mas não são instituições experimentais ou caridosas; de fato, desempenham um papel crucial na economia das sociedades complexas. Nas organizações universitárias há corrupção, egoísmo e uma espantosa quantidade de rixas mesquinhas. Também há competição e cooperação, altruísmo e compromisso, fraude e lealdade. As universidades podem ser extremamente elitistas ou relativamente igualitárias. Não são exatamente organizações burocráticas estatais, embora muitas entre as mais importantes do mundo sejam públicas. Algumas delas são empresas privadas e até podem ser parcialmente regidas por critérios monetaristas, mas é difícil imaginar que pudessem cumprir sua função se fossem negócios convencionais, com o lucro como único motor.

Em 1926, Keynes apontou que esse tipo de organização corporativa estava mais presente nas sociedades modernas do que os ideólogos do livre-mercado se dispunham a reconhecer. Ele estava tão convencido de sua importância que pensou que as empresas capitalistas acabariam por se assemelhar às universidades:

> [Mais interessante] é a tendência das grandes sociedades anônimas, quando atingiram determinada idade e tamanho, de se aproximarem da situação das corporações públicas, mais do que da empresa privada individualista. Um dos mais interessantes e desapercebidos progressos das décadas recentes vem sendo a tendência da empresa a se socializar. Com o crescimento de uma grande instituição – particularmente de uma empresa ferroviária ou de utilidade pública, mas também de um grande banco ou de uma grande companhia de seguros –, chega-se a um ponto em que os proprietários do capital – isto é, os acionistas – estão quase inteiramente dissociados da administração, com o resultado de que o interesse direto desta última em produzir um grande lucro torna-se completamente secundário. Uma vez atingida esta fase, a estabilidade e a reputação gerais da instituição são mais levadas em conta pela administração do que a maximização dos lucros para os acionistas[24].

É difícil exagerar o quanto Keynes se enganou em seu prognóstico histórico. Em compensação, sua tese é uma descrição útil de um ambiente institucional em que os mecanismos e disposições pós-capitalistas poderiam frutificar. Não é um programa particularmente atraente para nós que esperamos que a ilustração, a democracia e o avanço tecnológico nos ofereçam algo além de uma

---

24 John Maynard Keynes, "El final del Laissez Faire", em: *Ensayos sobre intervención y liberalismo,* Barcelona: Orbis, 1986. [bras.: "O fim do laissez-faire", em: Tamás Szmrecsányi (org.), *Keynes,* trad. Miriam Moreira Leite, São Paulo: Ática, 1983, p. 121.]

versão *prêt-à-porter* de Oxbridge. Na realidade, o interessante é ver quão provocador ele se revela, apesar do seu comedimento. Ou seja, por que esse cenário tão modesto em criatividade institucional nos parece hoje tão inverossímil? Apesar da devastadora crise de representatividade dos sistemas políticos ocidentais – segundo as pesquisas, os espanhóis consideram que a classe dos políticos é um dos cinco maiores problemas sociais –, qualquer alternativa, até mesmo alguma tão limitada como as de Keynes, é interpretada como milenarismo político.

Em meados do século XIX, o espectro do comunismo rondava a Europa. A frase costuma ser tomada como bravata propagandística de Marx e Engels, mas é antes uma licença literária que descreve fidedignamente uma realidade política. Todos os governos europeus se preparavam para uma sublevação geral, as massas operárias eram consideradas literalmente classes perigosas. É um cenário que, com matizes, prolonga-se até a Segunda Guerra Mundial. Já o espectro temido pela maioria dos governos atuais é o das repercussões cancerígenas de suas próprias políticas econômicas e sociais, não uma transição organizada para uma sociedade livre e igualitária. A letargia política das sociedades mais ricas, bem educadas e com mais informação da história é realmente assombrosa. Algo semelhante seria inimaginável nos campos científico, social, cultural, artístico e até esportivo. Os atletas não deixam de correr diante da dificuldade de superar recordes, os físicos não fecharam seus laboratórios depois de Planck.

O ciberfetichismo e a sociofobia são as fases terminais de uma profunda degeneração na forma de entender a sociabilidade que afeta decisivamente nossa compreensão da política. Acreditam que podemos satisfazer nossa necessidade natural de contar com outras pessoas, não só para sobreviver, mas também na configuração da nossa identidade, por meio de relações granulares e limitadas. Somos muito mais dependentes uns dos outros que, por exemplo, os membros de um bando de caçadores-coletores, mas adoramos imaginar nós mesmos como seres autônomos que beliscam caprichosamente na oferta de sociabilidade. A origem dessa mutação, evidentemente, é anterior às redes digitais. De fato, se a ideologia internetcentrista se desenvolveu tão rápido é porque se encaixa em uma dinâmica social precedente. O fundamento da pós-política é o consumismo, a imbricação profunda da nossa compreensão da realidade e a mercantilização generalizada.

O consumismo não é um desejo de adquirir coisas ou de ostentá-las, mas uma forma de estar no mundo. Somos consumistas porque só somos capazes de nos autointerpretar mediante algum dos aspectos da compra e da venda. Nossa compreensão granular da vida social é um subproduto da infiltração do mercado em nossos músculos e nossa mente. O consumismo é uma forma de interiorização da desigualdade, no duplo sentido de que a assumimos como parte da nossa subjetividade ao mesmo tempo que a ocultamos. Com nossa fanática submissão às vitrines, exacerbamos a importância das nossas escolhas pessoais e esfumamos sua relação com a desigualdade de classe.

Nossa interpretação de o que seja um lar, por exemplo, mudou por completo. Somos de fato sociedades nômades e nossas famílias são ridiculamente pequenas, mas dedicamos a conseguir um lugar onde viver muitos mais recursos que qualquer sociedade tradicional sedentária e com relações familiares extensas. Buscamos casa, mas encontramos hipotecas usurárias, exploração e mobilidade laboral imposta e decoração de interiores grotesca. Mesmo assim, somos capazes de imaginar que realizamos investimentos de longo prazo, desenvolvemos carreiras profissionais e transformamos esteticamente nossa moradia. Nossa vida é uma cópia desbotada da vida das elites e desprezamos quem não chega ao nosso nível.

Mesmo quando não empregamos o tempo em vender nossa força de trabalho ou comprar bens e serviços, nos dedicamos a atividades definidas por meio do consumo. Quando, graças à internet, os espectadores se livraram da tirania da televisão comercial e passaram a escolher exatamente o que queriam ver, dedicaram-se a consumir televisão comercial em quantidades industriais. Passaram até a trabalhar grátis, por exemplo, traduzindo e legendando séries de forma altruísta. A possibilidade de escolha não nos serviu para desenvolver e apreciar novas formas estéticas, e sim para consumir em larga escala aquilo que o mercado já nos oferecia, mas agora identificando-o como um projeto próprio.

O espaço político convencional está definido mercantilmente, tanto em termos descritivos – a Lei de Hotelling, de inspiração comercial, resume elegantemente a monotonia da oferta política – como de regulação – o Sistema D'Hondt é uma aplicação às decisões dos votantes da lei da oferta e da procura. Também os processos de emancipação foram afetados pelo consumismo. Por exemplo, não existe sequer um objeto ou brinquedo com o qual uma menina ocidental entre em contato que não tenha marcadores de gênero bem pronunciados. As princesas e fadas se transformaram em uma praga viral que infectou mamadeiras, colheres, berços, quebra-cabeças, livros, cobertores, chupetas, penicos, triciclos... Tudo, absolutamente tudo, desde o primeiro dia de vida, é para meninos ou para meninas. Por mais estranho que pareça, isso nem sempre foi assim: o mundo material da infância se transformou nas últimas décadas. Algumas feministas interpretam essa transformação como um retrocesso nas dinâmicas igualitárias, como uma espécie de contra-ataque neossexista. É uma tese paradoxal, pois, por outro lado, é difícil negar que a equidade entre homens e mulheres, embora muito incompleta, já é maior do que em qualquer outro momento da modernidade e, sobretudo, que há um crescente reconhecimento por parte dos homens de que esse processo igualitário é legítimo, positivo e irreversível.

O neossexismo é, acima de tudo, um subproduto do consumismo. É o resultado de aplicar intensivamente as estratégias de diferenciação do produto a uma realidade antropológica básica como a diferença de gênero. A enxurrada de bugigangas infantis com marcadores de gênero está relacionada à conversão das crianças em consumidores compulsivos a partir do momento do seu nascimento (desde antes de nascer, na realidade).

A potência do consumismo é fascinante. É uma forma de ver as coisas incrivelmente ecumênica. As subjetividades líquidas e as comunidades identitárias declaram tréguas diárias para comprar *smartphones* e calças Adidas no mesmo *shopping center*. As sauditas que adquirem caríssimos vestidos de Dior que usam ocultos sob suas abaias, os narcotraficantes que circulam de jipão por sua favela vestidos como *rappers* da MTV, os *geeks* enriquecidos que compram carros híbridos e móveis rústicos, os jovens cairotas que, saturados de pornografia, assediam em massa as jovens durante a festa de fim do Ramadã, os turistas de montanhismo que arriscam a vida para serem levados até o topo do Everest, os ciclistas urbanos que gastam uma fortuna em bicicletas de *design* minimalista sem freios nem marchas, as crianças uniformizadas com *merchandising* de times de futebol, os clientes de cruzeiros apinhados em transatlânticos do tamanho de um arranha-céu... A única coisa que nos une é nossa lealdade ritual às vendas e às compras. Nenhuma religião ao longo da história conseguiu tamanha universalidade.

De certo modo, a destrutividade do consumismo é surpreendente. O socialismo pretendia melhorar a situação material de uma grande quantidade de pessoas que viviam na indigência. Muita gente pensou que o fordismo e o Estado de bem-estar eram, simplesmente, versões capitalistas dessa aspiração. Uma tentativa indireta de disseminar a prosperidade material através do consumo em massa, cuja principal e crucial limitação seriam os próprios dispositivos de acumulação capitalista.

Era uma perspectiva excessivamente generosa para com o mercado. O consumismo transforma a pergunta que o socialismo pretendia responder em uma algaravia sem sentido. Há que levar a sério a ideia de que não dispomos de dispositivos institucionais formais, como o planejamento centralizado, que possam substituir o mercado sem mais. Estamos rendidos à imanência política, à deliberação permanente sobre as normas que regulam a esfera pública, incluída nossa subsistência. Mas o consumismo é um tiro no pé. Ele nos impede de estruturar nossos desejos por bens e serviços de uma forma coerente com as normas que acreditamos que deveriam regular nosso ambiente comunitário.

Um dos grandes méritos do filósofo Walter Benjamin foi entender que o consumo de massa transforma não apenas a oferta de mercadorias, mas também a própria forma de entender o mundo. Mas Benjamin acreditava que essa mudança também podia ser administrada positivamente. O socialismo aproveitaria as máquinas a vapor de um modo mais razoável e consciente que o capitalismo, transformando-as em uma fonte de prosperidade e igualdade.

E faria o mesmo com os habitantes das vitrines e das lojas de departamento. Benjamin acreditava que neles pulsava o germe da liberação. O consumismo era o complemento cultural dos processos materiais e políticos de massa que o socialismo devia transformar para incorporar a seu projeto.

Não é tão desatinado assim. Afinal de contas, algumas das empresas mais inovadoras e mais apreciadas pelos consumidores na última década desenvolveram modelos basicamente monopolistas e centralizados. Ikea, Decathlon, Zara ou H&M se especializaram em oferecer produtos próprios e a preço muito baixo, da mesma qualidade que os das marcas especializadas e com uma estética similar. Não é muito difícil imaginar essas redes como uma espécie de prévia, ainda exploradora e alienante, de uma versão socialista do consumo de massa.

Benjamin estava interessado na subjetividade consumista porque pensava que era um meio para alcançar uma sensibilidade estética e política mais rica que a da burguesia do século XIX. Acreditava que a fé no progresso histórico era uma das principais causas da submissão política. A ideia de progresso implica basicamente que a história em geral tem um sentido coerente, ou seja, que existem acontecimentos por si só importantes ou insignificantes. Essa ilusão de que as coisas ocorrem como deveriam ter ocorrido, que o presente é o resultado inexorável do passado, impede-nos de apreciar as possibilidades não realizadas que nossa realidade oculta. Ao romper com a fantasia do progresso, temos acesso a um depósito de alternativas coerentes com nosso tempo, como a transformação política radical.

Benjamin acreditava que os habitantes das grandes cidades, em que o consumo de massa estava eclodindo, viviam experiências historicamente inovadoras, ainda que não tivessem plena consciência disso. Era evidente que tinham rompido com o tempo cíclico das sociedades tradicionais, com o ritmo das colheitas e das estações. Mas também havia algo de incontrolável e selvagem na metrópole que era impossível reduzir a uma narrativa ordenada sobre o avanço da civilização. Os consumidores estavam em uma posição histórica privilegiada: a ideologia dominante lhes falava de progresso, mas sua experiência cotidiana os fazia sentir a natureza descontínua da realidade, o universo de possibilidades sepultadas pela facticidade presente. Em uma grande cidade em permanente transformação social, cultural e material, era quase absurda a ideia de viver uma realidade completa e definitiva:

> O caráter destrutivo não percebe nada duradouro. Justamente por isso vai encontrando caminhos em qualquer parte. Onde outros se chocam contra enormes muralhas ou montanhas, ele descobre um caminho. [...] Reduz o existente a ruínas, mas não faz isso por causa das próprias ruínas, mas apenas por causa do caminho que se abre nelas[25].

Essa visão otimista da sociedade de consumo se depara com um estranho limite quando a fragmentação da experiência se converte no discurso dominante, que é justamente o traço característico da pós-modernidade capitalista. Vivemos em uma selva semiótica que premia a fragmentação e castiga as narrativas contínuas e coerentes. A idealização da internet e das comunidades digitais é sua expressão ideológica mais evidente. A publicidade se transformou em uma estratégia polimorfa que desenvolve jogos complexos, muitas vezes irônicos. As estratégias de *marketing* mais eficazes são aquelas que diluem a distância entre emissor e receptor não por meio da empatia tradicional, mas mediante alguma forma de simulacro de construção cooperativa.

A modernidade líquida é um ambiente extremamente hostil para quem aspira desenvolver uma identidade sólida, uma subjetividade contínua baseada em uma narrativa teleológica. O vencedor do turbocapitalismo é profundamente adaptável: tem diversos eus, diversas personalidades familiares, ideológicas ou laborais. Os perdedores também. Os trabalhadores migrantes já não vão a outro país com a ideia de iniciar uma nova vida mais próspera, mas disseminam sua força de trabalho pulando de país em país seguindo os caprichosos fluxos financeiros. Os terapeutas também nos exortam

---

25 Walter Benjamin, Imágenes que piensan, em: *Obras IV*, 1, Madrid: Abada, 2010, p. 347. [Ed. bras.: *Imagens de pensamento*, trad. João Barrento, São Paulo: Autêntica, 2014.]

a aceitar essa extrema fluidez. Quem se aferra a uma identidade política, sentimental ou moral já não é nem sequer um perdedor ou um ressentido, mas diretamente um sujeito patologicamente pouco adaptável. As metáforas políticas e sociais dominantes do nosso tempo têm que ver com a reticularidade e o fragmento: sociedade-rede, sistemas distribuídos, mente modular.

Walter Benjamin subvalorizou a carga niilista do consumismo que hoje o ciberfetichismo inequivocamente traz à luz. Os restos do consumo não são ruínas, são lixo. O caráter destrutivo do nosso tempo tem de procurar seus caminhos em uma estrumeira. Ele se equivocou porque não chegou a conhecer as formas milenaristas de consumismo pós-moderno, o modo com que arrasa com qualquer possibilidade de reconciliação com as forças antropológicas profundas. O consumismo é para a sensibilidade da sociedade moderna como o capitalismo de cassino para sua economia. Mas esse fracasso é interessante porque nos mostra um limite importante da transformação política. A emancipação poderia ser compatível com algumas formas de mercado ou de burocracia, mas não com a desigualdade consumista nem com nenhum de seus derivados, como o ciberfetichismo ou a sociofobia.

Curiosamente, os primeiros pensadores que denunciaram a capacidade destrutiva do consumismo foram tachados de elitistas, inclusive pela esquerda. Christopher Lasch ou Pier Paolo Pasolini viram com clareza que o consumismo implicava uma aceleração da anulação de possibilidades históricas que Benjamim queria remediar:

> O direito dos pobres a uma existência melhor tem uma contrapartida que acabou degradando essa existência. O futuro é iminente e apocalíptico. Os filhos se desmembraram da semelhança com seus pais e se projetam a um amanhã que, apesar de conservar os problemas e a miséria de hoje, só pode ser totalmente distinto qualitativamente. [...] O distanciamento em relação ao passado e a falta de relação (até mesmo ideal e poética) com o futuro são radicais[26].

---

26 Pier Paolo Pasolini, *Cartas luteranas,* Madrid: Trotta, 1997, p. 42.

Simplesmente, não há vida em comum junto à vitrine. Tampouco digital. De fato, na medida em que o ciberfetichismo se baseia em uma aparência de abundância, radicalizou o problema, ao desvincular o consumismo da compra e da venda. Na internet, o consumismo finalmente se mostrou como uma força histórica devastadora. Hoje, temos acesso à alienação consumista até sem a mediação do dinheiro.

* * *

Há uma sutil conexão ideológica entre as falsas promessas das ciências sociais, o formalismo institucional que paralisa a transformação política e a dissolução das relações comunitárias. Seu fundamento é a ilusão de que a realidade social e nossas ideias a respeito dela são bem definidas, fatos analisáveis em partes delimitadas e com uma arquitetura conceitual precisa. Como se os processos sociais tivessem uma estrutura molecular passível de ser recombinada de diversas maneiras, de preferência mediante um único impulso que inicie a auto-organização espontânea ou, na falta dele, através do planejamento centralizado.

Essa quimera sociológica teve efeitos profundos em nossa percepção da esfera pública. Em particular, nossa compreensão da desigualdade social está completamente contaminada pelo fracasso das ciências sociais. Durante décadas tentou-se definir com a máxima precisão o conceito de classe social por meio de um frondoso aparato teórico. É a história de um fracasso pertinaz, porque sempre há algum grupo que resiste a ser acomodado em formalizações. Podem ser assalariados de alto poder aquisitivo ou empresários com baixo nível cultural, ou donas de casa sem salário, ou trabalhadores que controlam seu ambiente de trabalho... Assim, em uma espécie de versão acadêmica da cama de Procusto, sociólogos, cientistas políticos e economistas concluíram que a desigualdade de classe perdeu peso em um mundo global de redes sociais em constante fluxo. E nós acreditamos nisso. Gostamos de nos imaginar como sofisticados atores em um sistema distribuído de informação e comunicações, não como trabalhadores precários e submissos obcecados pelas bugigangas de grife. Na realidade, uma noção de classe social baseada em critérios amplos e pouco precisos – a renda, o controle sobre o próprio trabalho e o prestígio social – é mais intuitiva do que nunca e imprescindível para entender quem ganha e quem perde, e até que ponto, no mundo contemporâneo. Mas é um tipo de argumentação difícil de ser aplicado nas teorias sociais sofisticadas, desesperadamente necessitadas de exatidão conceitual, mesmo que seja à custa de seu conteúdo empírico.

Em geral, o universo social e moral padece de uma profunda relatividade ontológica, para tomar de empréstimo a expressão popularizada pelo filósofo W. V. O. Quine. É habitado por realidades nebulosas e indetermináveis, sem limites estritos, sobre as quais temos ideias confusas, pouco precisas. Somos condenados a intervir nelas mediante dispositivos prudenciais contínuos e a entendê-las por meio de mecanismos explicativos contingentes. Por que, então, continuamos a nos submeter a economistas e psicólogos que nos falam de entidades imaginárias? A políticos em cujas palavras nem sequer prestamos atenção e muito menos acreditamos? Por que nos negamos a reconhecer nossas próprias vidas danificadas e idealizamos a ortopedia dos psicotrópicos e das tecnologias? Ao menos em parte, a resposta está no consumismo. É uma ideologia extremamente simples, baseada na mecânica do desejo, mas eficaz e com alto poder de expansão.

Todos entendemos que a igualdade, a liberdade e a realização pessoal são objetivos radicalmente afetados pela indeterminação. São realidades disposicionais, antes que fatos. É como quando dizemos que alguém sabe italiano: não estamos afirmando que com essa pessoa esteja acontecendo alguma coisa em um determinado momento, mas que ela é capaz de fazer certas coisas quando necessário. As virtudes políticas exigem que elaboremos permanentemente seu sentido, pois o transformamos e isso nos transforma ao persegui-las. E muitas vezes esse processo só se pode dar em comum. A igualdade real, por exemplo, não é um ponto de partida, mas um resultado. As declarações igualitaristas sentimentais – "todas as pessoas são iguais..." – são cosméticas e até contraproducentes. Não somos iguais. Na realidade, somos bastante diferentes. A igualdade é fruto da intervenção política, um produto contingente da construção da cidadania e da democracia que é preciso cultivar sistematicamente.

O consumismo, ao contrário, proporciona uma reconfortante sensação de concretização. É um tipo de atividade em que os fins estão dados e não cabe discussão sobre eles. Consiste simplesmente em escolher os meios mais adequados para satisfazer meus desejos. Adidas ou Nike? Windows ou Mac? Em si mesmo, não tem nada de mau. Nossa vida cotidiana seria impossível se submetêssemos todas as nossas preferências à crítica permanentemente. O problema é quando esse tipo de atividade adquire uma forte carga simbólica e se converte em uma fonte privilegiada de sentido, quando se transforma na forja da nossa identidade pessoal.

O consumismo é uma forma de satisfação pobre mas imediata que, por se resolver em uma troca quantitativa, parece perfeitamente definida. Assim aspiramos que nossa compreensão de toda a realidade social esteja à altura analítica dessa ultradeterminação. No mercado, nossas interações são simples, delimitadas e facilmente conceitualizáveis. Por que não explicar o resto de nossa vida com a mesma precisão e simplicidade? Votamos naquilo que queremos, gostamos de dirigir, nos socializamos a golpes de *bits*... Ao incorporar a mecânica do mercado ao nosso corpo, legitimamos as falsas promessas explicativas das ciências sociais.

Com o ciberfetichismo, o consumismo adquiriu autoconsciência, já não é apenas o ruído de fundo simbólico do capitalismo, mas um projeto social e cultural. O ciberfetichismo é a maioridade política do consumismo. Para os ciberutopistas, finalmente deixamos que estar sozinhos na cidade, condenados a nos encontrarmos esporadicamente na fila do supermercado. Eles acreditam ter superado o mal-estar da prosperidade material, os dilemas do individualismo fordista e suas formas de alienação. Agora, nos pensamos como pencas de preferências, ocasionais, mas intensas, à deriva nos circuitos reticulares da globalização pós-moderna. Somos fragmentos de identidade pessoal que colidem com outros nas redes sociais digitais e analógicas.

O preço a pagar é a destruição de qualquer projeto que requeira uma forte noção de compromisso. Para o ciberfetichismo, não existe nada em nós além de nossas preferências atuais: sociais, gastronômicas, musicais, sexuais, cinematográficas e até políticas. A modernidade já vivera essa dissolução de subjetividades em seus conteúdos volitivos como uma forma de niilismo que, ao menos a longo prazo, gerava mal-estar e sofrimento, como acontece com as donas de casa de classe média anestesiadas com tranquilizantes de *Mad Men*. O meio digital nos proporciona uma espécie de muletas tecnológicas que dão um sucedâneo de estabilidade às nossas preferências esporádicas. A internet gera uma ilusão de intersubjetividade que, no entanto, não chega a nos comprometer com normas, pessoas e valores.

Por isso, nossa época é simultaneamente a do fracasso científico das ciências sociais e a do seu triunfo cultural. Ninguém mais conhece os sociólogos, economistas ou pedagogos da moda. Skinner, Galbraith, Dahrendorf...? Nomes que soam estranhos. Mas nos comportamos como se nossa vida fosse dirigida pelo decano de uma faculdade de ciências sociais. Se um comitê de teóricos da escolha racional, psicanalistas e pedagogos se visse obrigado a chegar a um consenso mínimo para fundar um conjunto de relações sociais, teria inventado o Facebook. O mesmo ocorre com as políticas públicas. Ninguém em perfeito juízo pensa que os governos convencionais tenham capacidade para desenvolver uma estratégia política coerente para além do desmantelamento obsessivo das ruínas keynesianas. E, no entanto, poucas vezes na história recente houve tamanho pânico à vertigem da inovação política, uma violência tão desmedida contra qualquer violação do desastre constituído, tamanha sociofobia.

Os projetos políticos emancipadores são exatamente o contrário: a concretização institucional de projetos éticos substantivos. Essas propostas não estão vazias, não são metaprojetos. Como explicava Tawney, estão muito mais centradas nos deveres e nas obrigações que nos direitos. Para os socialistas, trata-se de construir aqueles deveres e obrigações que nos comprometem com a superação da desigualdade material, a tutela política e a alienação.

A complexidade da realidade política exige uma ruptura com a herança de falsas promessas das ciências sociais, essa forma sofisticada e soporífera de consumismo intelectual. A sabedoria prática nas questões públicas se constrói mediante processos deliberativos de longo percurso e não é patrimônio de tribunos, especialistas e nobres. O grande desafio da democracia radical na pós-modernidade é não confundir a si mesma com as escolhas feitas pelos consumidores no mercado ou pelos usuários na internet. A reflexão política não tem nada que ver com uma agregação coerente de preferências por meio de algum dispositivo técnico, seja a compra e venda, seja uma rede social. A deliberação em comum é um processo de construção de objetivos compartilhados, não um mecanismo de compatibilização de opções dadas, total ou parcialmente antagônicas.

Por isso, a ética do cuidado é fecundamente política. Não porque a política se pareça com as relações familiares: em um sentido importante, é justo o oposto das relações familiares. Mas sim porque, no terreno dos cuidados, é evidente até que ponto as normas que assumimos nos transformam em pessoas que podem aspirar ser de outra maneira e por vezes só podem fazê-lo conjuntamente. A democracia não pode ser fragmentada em pacotes de decisões individuais porque está relacionada aos compromissos que nos constituem como indivíduos com algum tipo de coerência, com um passado e alguma remota expectativa de futuro. E essa é uma realidade antropológica incompatível com o ciberfetichismo e a sociofobia.

coda. 1989

Uma vez, assisti na televisão a um documentário sobre a reinserção de paramilitares latino-americanos que haviam abandonado as armas. O filme mostrava uma espécie de atos de reconciliação em que os criminosos davam explicações e pediam perdão aos familiares de suas vítimas. Aparecia um homem que dizia, a modo de desculpa, que tinha assassinado muita gente, mas que nunca tinha degolado ninguém com uma motosserra, como alguns de seus companheiros. Eu pensei que, quando a melhor coisa que você pode dizer de si é que não cortou a cabeça de uma pessoa, sua vida moral deve-se simplificar muitíssimo.

Penso algo parecido diante de muitas propostas pós-capitalistas. A melhor coisa que parecem capazes de dizer de si mesmas é que não são impossíveis, e, mesmo assim, sem muito entusiasmo. O ciberfetichismo, a sociofobia e outros derivados da cultura consumista calaram fundo em nossa percepção da realidade política. A transformação social entendida como um projeto realista e não como uma atividade estética adequada para a distração das almas belas é espantosamente complicada. Mas nenhum projeto pós-capitalista pode ser considerado como tal se não estiver disposto a enfrentar honestamente essa complexidade.

Tenho uma experiência política muito limitada, a bem da verdade. Quando tinha 15 anos, poucos meses depois da queda do muro de Berlim, eu me filiei à organização juvenil de um partido comunista não sovietizante. Durou pouco, mas considero que foi um período importante na minha educação política. Há comunistas que até hoje ainda anunciam o iminente *sorpasso* do proletariado mundial. Cometem uma falácia da composição: juntam um monte de pequenas greves e microrrevoltas em todo o mundo e constroem uma revolução em escala mundial. Eu não vi nada disso na minha organização. Muito pelo contrário. As discussões de fundo sobre o futuro político iminente oscilavam entre o pessimismo sem concessões e a ironia. Respirava-se a sensação de fazer parte de um projeto esgotado.

Diferentemente do movimento antimilitarista, do qual também participei ativamente, tenho uma vaga lembrança do meu curto ativismo comunista. É estranho, porque foram muitas preocupações e reuniões intermináveis. Se não me engano, dedicava-se muito tempo a idealizar estratégias para evitar a dissolução do partido. Como a qualquer adolescente brioso, aquilo me irritava profundamente. Eu achava que a própria ação política incidia automaticamente nos vínculos organizativos. Se fizéssemos o que tínhamos de fazer – fosse lá o que fosse, embora certamente nada de particularmente razoável –, sem dúvida as coisas melhorariam.

Retrospectivamente, posso imaginar que assisti a um processo bem interessante que, obviamente, fui incapaz de apreciar. Os esforços, por fim malogrados, para sobreviver como organização tinham muito sentido para os velhos militantes. Estavam em jogo tanto sua própria identidade, em que o ativismo desempenhava um papel importante, como certas relações pessoais forjadas durante décadas de militância muito intensa. Esses vínculos não iriam sobreviver, ou o conseguiriam só muito debilitados, se não estivessem amparados por um ator coletivo que os dotasse de sentido. O curioso é que essa consciência da importância dos vínculos pessoais quase não havia desempenhado nenhum papel na militância organizada. Só quando a crise institucional se mostrou irreversível percebeu-se que no ativismo havia um importante componente ligado à fraternidade que não era possível reproduzir em outras circunstâncias.

Algum tempo depois, participei de vários projetos relacionados à cultura livre. Naquele ambiente, comunidade e cooperação eram palavras-fetiche e, no entanto, tinham uma eficácia extremamente limitada. Mal existia o tipo de compromisso pessoal que era dado como certo entre os militantes tradicionais, que, por exemplo, entregavam mensalmente uma porcentagem fixa do próprio salário à organização. Considerava-se com um misto de incompreensão e receio a ideia de que alguém deveria prestar contas a outro alguém dos resultados de sua atividade. Cada um fazia o que podia, com a melhor vontade de que dispusesse e mais ou menos quando queria. O resultado prático era quase sempre calamitoso, mas o que mais me surpreendeu foi que houvesse bem mais hostilidade do que caberia esperar naquele império da pura voluntariedade. E isso para mim, que estava mais que acostumado às discussões desesperadas em torno de um "não me venha com relações de produção". Parecia haver uma relação inversa entre o compromisso político tradicional e a agressividade pessoal. É um detalhe bastante evidente no caso dos movimentos de cooperação digital, em que as questões muito técnicas e geralmente insigni-ficantes a respeito de licenças, protocolos ou formatos muitas ve-zes dão lugar a grandes batalhas dialéticas. Pareceu-me que essa irritabilidade cibernética era o sintoma da fragilidade política das tecnologias sociais, que por sua vez quinta-essenciavam os víncu-los sociais pós-modernos.

O movimento 15M me impactou. Era como se a pós-política desmoronasse diante dos meus olhos, não para voltar à moder-nidade, mas para reformular sua herança. Uma convocatória que inicialmente parecia mais uma *flash mob* que outra coisa evoluiu em apenas uma semana para assumir uma parte significativa do programa anticapitalista. E tinha um impressionante poder de ex-pansão. No sábado seguinte ao 15 de maio de 2011, fui até Puerta del Sol no fim da tarde, em um metrô cheio de adolescentes que, como todo fim de semana, dirigiam-se para os bares do centro. Foi uma experiência alucinante: todos pareciam estar falando de política... Era como se, em poucas semanas, tivesse sido derrubada aquela muralha de cinismo que nos condena a ter vidas danificadas. Pela primeira vez os argumentos políticos – por vezes ingênuos, envie-sados ou populistas – ocupavam o espaço simbólico explosivo que nas últimas décadas havia sido tomado pelos tons de celular, pela roupa ridícula e extremamente cara, pelo futebol, pela pornografia amadora e pelos vídeos de gatos.

Talvez por isso muita gente interpretou mal a relação do 15M com a rede. Muitos pensaram que a tecnologia da comunicação foi um fator desencadeante dos seus processos políticos. Acho que foi exatamente o contrário. O 15M foi um processo especialmente tortuoso porque teve de superar o brutal bloqueio gerado pelo ciberfetichismo consumista. A internet se tornou uma arma formidável não para levar as pessoas para a rua, mas quando as pessoas saíram para a rua. Tivemos de deixar de pensar que intervir em um espaço público é escrever mensagens reacionárias em ForoCoches. Dar passagem a alguém na porta do supermercado quando estamos de bom humor deixou de ser nossa forma mais intensa de relação social pessoal. Se a rede está desempenhando um papel tão importante nesse movimento é porque redescobrimos a força dos encontros cara a cara e dos compromissos, e entendemos que vivemos em um contexto onde ambos são extremamente difíceis e improváveis.

Penso que os reacionários de esquerda, como Christopher Lasch, acertaram ao apontar que era uma frivolidade aceitar a destruição capitalista dos vínculos sociais tradicionais como uma boa notícia. Um pouco como quem tem de demolir um prédio e se depara com alguém que já fez esse trabalho por ele. O socialismo se parece mais como o navio de Otto Neurath, que dizia sermos marinheiros tendo de reconstruir sua embarcação em alto-mar. Mas, diferentemente dos comunitaristas, não acredito que a questão da comunidade tenha a menor importância propositiva. As relações sociais profundas frutificam espontaneamente quando se eliminam as condições que as castram. Pode ser um processo confuso, difícil e doloroso, mas não é exatamente um problema político. Por exemplo, as famílias extensas estão reaparecendo através da fragmentação pós-moderna. Não por causa de um retorno conservador ao tradicionalismo familiar, mas ao contrário. Os segundos casamentos, a diversidade sexual, a mobilidade laboral ou a necessidade de apoio mútuo por causa da crise estão ampliando o número de famílias polinucleares não convencionais.

Em contrapartida, o desenho institucional é o contrário da espontaneidade, requer uma profunda e contínua deliberação pragmática que não pode ser resolvida mediante artefatos teóricos formais. No ciberfetichismo, as coisas aparecem invertidas: a sociabilidade direta parece requerer uma enorme quantidade de ortopedia tecnológica, enquanto a institucionalidade parece entregue à espontaneidade.

Às vezes, quando tenho notícia de alguma nova iniciativa antagonista, me pergunto se gostaria que essas pessoas ocupassem um cargo de responsabilidade em uma sociedade não capitalista. Na maioria das vezes, a resposta é que eu não confiaria neles nem como síndicos. Mas em outras ocasiões – poucas, para ser sincero –, a resposta é sim, sem dúvida. Pode parecer estranho, mas o esquerdismo não foi um ambiente muito propício para enunciar esse tipo de pergunta, simples de fazer, mas extremamente complicada de responder e que, para mim, são a essência mesma de uma prática política não retórica. No ambiente digital, no hiperconsumismo, essas perguntas simplesmente carecem de sentido.

Já no próprio 16 de maio de 2011, vários amigos me escreveram ou me telefonaram para dizer que o 15M tinha refutado ou confirmado diversas teorias sociológicas e políticas, em sua maior parte contraditórias entre si. Os negrinianos me perguntaram inflamados se eu continuava achando graça na noção de multidão como novo sujeito revolucionário. Os anarquistas recriminaram meus receios institucionalistas perante os processos de democracia direta. Os leninistas frisaram a vigência soterrada do conceito de luta de classes que eu havia questionado. Por fim, os pós-modernos insistiram no modo como o 15M desconstruía a experiência política moderna e prescindia das grandes narrativas emancipatórias.

Nenhum deles me convenceu, claro. Mas eu me dava conta de que era bastante generalizada minha própria sensação de que, para dizê-lo com um clichê de autoajuda, estávamos participando do processo de nos transformarmos naquilo que já éramos. Este livro, justamente, se pergunta como permanecem vivos alguns problemas da modernidade ligados à emancipação e ao vínculo social na nossa época de telas digitais e *megaslums*, de redes sociais e apartamentos-balsa[1]. Acredito que as respostas a esses dilemas dadas pelo antagonismo político clássico não têm mais validade e ao mesmo tempo são indispensáveis.

---

1 No original, *pisos patera*, como são chamados os apartamentos em que os contratadores de imigrantes clandestinos os alojam, em condições precárias e espaço reduzido. [N.T.]

As tradições revolucionárias dilapidaram parte de sua experiência por terem entendido mal a si mesmas como o sonho convulso de um sociólogo bêbado. Talvez agora, que todo mundo as dá como encerradas, seja um bom momento para remediar esse engano e pensar o pós-capitalismo como um projeto factível, próximo e amigável. Penso que é fundamental assumir a imensa complexidade de semelhante aspiração. O ambiente do consumismo ciberfetichista nos submete a uma pressão brutal em sentido contrário: teclar 140 caracteres vestidos como palhaços com roupa de grife é a nova fronteira da banalidade. Pode ser difícil que o mundo mude de base, mas não necessariamente complicado. Em compensação, um pós-capitalismo factível é imensamente complexo. Tanto quanto a cotidianidade das relações comuns que, nem hoje, nem nunca conseguiremos entender por completo.

sobre o autor

César Rendueles nasceu em Girona, cresceu na cidade asturiana de Gijón, mas vive há vinte anos em Madri. É doutor em filosofia e professor no departamento de teoria sociológica da Faculdade de Ciências Políticas e Sociologia da Universidade Complutense de Madri. Também lecionou na Universidade Carlos III de Madri e colaborou como conferencista convidado em várias universidades espanholas e latino-americanas. Foi membro fundador do coletivo cultural Ladinamo, que editava a revista de mesmo nome, e durante 8 anos assumiu a coordenação cultural e a direção de projetos do Círculo de Belas Artes de Madri. Tem escrito sobre questões ligadas à epistemologia, à filosofia política e à crítica cultural em diversas revistas especializadas. Publicou duas recopilações das obras de Karl Marx: uma antologia de *O capital* e uma seleção de textos sobre a teoria do materialismo histórico. Também organizou a edição de ensaios clássicos de autores como Walter Benjamin, Karl Polanyi e Jeremy Bentham. Rendueles também vem realizando um extenso trabalho como tradutor e, em 2011, comissariou a exposição *Walter Benjamin. Constelaciones.* Escreve habitualmente em seu blog *Espejismos Digitales.*

Fonte Chronicle Text
Papel Pólen soft 90 g/m²
Impressão Nywgraf Editora Gráfica Ltda
Data Outubro de 2016